Johannes Rentsch

Johann Elias Schlegel als Trauerspieldichter

mit besonderer Berücksichtigung seines Verhältnisses zu Gottsched

Johannes Rentsch

Johann Elias Schlegel als Trauerspieldichter
mit besonderer Berücksichtigung seines Verhältnisses zu Gottsched

ISBN/EAN: 9783743363236

Hergestellt in Europa, USA, Kanada, Australien, Japan

Cover: Foto ©Thomas Meinert / pixelio.de

Manufactured and distributed by brebook publishing software (www.brebook.com)

Johannes Rentsch

Johann Elias Schlegel als Trauerspieldichter

Johann Elias Schlegel

als Trauerspieldichter

mit

besonderer Berücksichtigung seines Verhältnisses

zu Gottsched.

Von

Dr. Johannes Rentsch.

Leipzig.

In Kommission bei Paul Beyer.

1890.

Meinem Vater.

Wer sich aus Schmids 1775 erschienener ‚Chronologie des deutschen Theaters' einen Überblick über das Repertoire der deutschen Bühnen in den Jahren 1730 bis 1770 verschafft, dem wird es auffallen, wie arm an neuen dramatischen Erscheinungen die Jahre unmittelbar nach 1750 sind. Einen Hauptgrund dafür sieht der Verfasser jenes Buches in dem frühzeitigen Tode Elias Schlegels, durch den im Jahre 1749 „der deutschen Bühne eine reifende Hoffnung entrissen" worden sei (S. 140). Er steht mit dieser Auffassung nicht vereinzelt da. Der Gedanke, dass Schlegel berufen gewesen wäre, dem deutschen Theater einen neuen Aufschwung zu geben, die Überzeugung, dass er sich bereits, so weit sein kurzes Leben (1719—1749) es ihm vergönnte, grosse Verdienste um die Hebung der dramatischen Litteratur erworben habe, ist von hervorragenden Zeitgenossen mehrfach ausgesprochen worden. So urteilt Nicolai in den ‚Briefen über den itzigen Zustand der schönen Wissenschaften in Deutschland 1755' S. 120: „Schlegel war am geschicktesten, dem deutschen Theater eine andere Form zu geben, wann er nicht für die schönen Wissenschaften viel zu früh gestorben wäre"; bei der Schärfe der Kritik, die diese Briefe auszeichnet, ein besonders schwerwiegendes Lob. Eine Anzeige des ersten Bandes von Schlegels Werken in der ‚Neuen Bibliothek der schönen Wissenschaften und der freyen Künste' von 1765 (I, S. 37) rühmt dem „Unsterblichen" nach, dem Theater diese neue Gestalt wirklich gegeben zu haben, und misst ihm das Verdienst bei, durch seine dramatischen Schöpfungen die Aufführung eines ‚Cato' unmöglich gemacht zu haben. Mendelssohn im 310. und 311.,

Lessing im 16., 48. und 81. Litteraturbriefe, später in der Ankündigung, dem 13., 14. und 52. Stücke der Dramaturgie gedenken seiner rühmend; Herder beurteilte ihn günstig in der ‚Allgemeinen deutschen Bibliothek' (V, 1, 165—175); Schiller nennt ihn in seiner Schrift ‚Über naive und sentimentalische Dichtung' „einen der geistreichsten Dichter unseres Vaterlandes"; die Nachträge zu Sulzers ‚Allgemeiner Theorie der schönen Künste' brachten im 8. Bande (I, 97) eine eingehende, sehr anerkennende Besprechung seiner Dramen: kurz, Schlegels Lob erklingt bis gegen das Ende des Jahrhunderts um so ungeteilter, je schärfer, bis zur Ungerechtigkeit scharf, die Zeit über Gottscheds Bühnenleistungen absprach.

Und doch zählen ihn die Litteraturgeschichten zu Gottscheds Schule, doch nahm ihn Gottsched selbst als seinen Anhänger in Anspruch, doch sind seine dramatischen Dichtungen wie seine ästhetischen Aufsätze dem Schicksale der Gottschedischen Schriften, vergessen zu werden, nicht entronnen. Letzteres erklärt sich freilich zum guten Teil aus dem Unstern, der über Schlegels Werken gewaltet hat. Bei seinen Lebzeiten erschienen sie verstreut und versteckt in den Zeitschriften und in der Schaubühne Gottscheds und mit diesen wurden sie in den Winkel gelegt, als Gottscheds Name seinen Glanz verlor. Nach des Dichters Tode (1749) veröffentlichte sein jüngerer Bruder Heinrich in einer fünfbändigen Gesamtausgabe die Werke erst 1761—1770, in einer Zeit also, in der diese Dichtungen und ästhetischen Abhandlungen durch Lessings Erstlingsschriften bereits überholt waren. Dass Schlegel in ästhetischen Dingen Gottsched und die Schweizer weit überflügelte, dass er gerade auf diesem Gebiete in mehr als einer Frage als Vorläufer Lessings zu betrachten ist, das hat nach Danzels Vorgange besonders v. Antoniewicz in der ausführlichen Einleitung zum Neudruck von Schlegels ästhetischen und dramaturgischen Schriften (Deutsche Litteraturdenkmale des 18. und 19. Jahrhunderts 26. 1887) erwiesen. Gilt nun ein Gleiches für seine Trauerspiele? Nach den angeführten günstigen Urteilen der Zeitgenossen möchte man es annehmen.

Wie verträgt sich aber damit seine Stellung als Gottscheds Schüler und Mitarbeiter an dessen ‚Schaubühne', wie die Vergessenheit, der seine Dramen thatsächlich verfallen sind? Diese Fragen zu beantworten, soll im Folgenden versucht werden.

Das einleitende Kapitel wird, anknüpfend an einen von Danzel (Gottsched S. 144) geäusserten Wunsch, das ziemlich verwickelte persönliche Verhältnis Schlegels zu Gottsched klarzumachen suchen, die beiden weiteren Abschnitte sollen von Quellen, Inhalt und Bau der Trauerspiele, sodann von der Sprache und Verskunst derselben in stetem Hinblick auf Gottscheds Bühnenwerke handeln.

Ursprünglich war vom Verfasser auf eine von Herrn Professor Steinmeyer ergangne Anregung hin eine Monographie über Schlegel geplant, die alle Seiten seiner schriftstellerischen Thätigkeit umfassen sollte. Da aber von Söderhjelm (Om J. E. Schlegel särskildt som lustspeldiktare. Helsingfors 1884) die Lustspiele, durch v. Antoniewicz im Neudruck die prosaischen Schriften mustergiltig behandelt wurden, beschränkte sich die im Frühjahre 1888 der philosophischen Fakultät zu Erlangen als Dissertation vorgelegte und von derselben angenommene Abhandlung auf die oben bezeichneten Gebiete. Obgleich nun auch diese Fragen in der mittlerweile erschienenen Monographie über Elias Schlegel von Eugen Wolff[1] sowie in einem Aufsatze von Seeliger (Mitteilungen des Vereins für Geschichte der Stadt Meissen. 2. Band, 2. Heft) Berücksichtigung fanden, glaubte doch der Verfasser die beiden ersten Abschnitte seiner Arbeit, wenn auch verkürzt, noch veröffentlichen zu dürfen, da das Verhältnis Schlegels zu Gottsched zum ersten Mal im Zusammenhange erörtert wird, eingehendere Untersuchungen aber über Inhalt und Sprache der Trauerspiele sowie über ihr Verhältnis zu den Quellen in dem Buche Wolffs nicht angestellt sind.

---

[1] Besprochen vom Verfasser im Anzeiger für deutsches Altertum (XV, S. 347 ff.). Vgl. die ‚Erwiderung' Wolffs ebenda XVI, S. 140—143 und die ‚Antwort' des Recensenten a. a. O. S. 143 f.

I.

Elias Schlegels persönliches Verhältnis zu Gottsched.

Am 17. Januar 1719 ¹) in Meissen als zweitältester Sohn des kursächsischen Appellationsrates und Stiftssyndikus Johann Friedrich Schlegel geboren, ward Elias bis zum 14. Jahre im Vaterhause erzogen, las unter anderm den Plautus und versuchte sich mit 12 Jahren auch schon in deutschen Versen; im April 1733 kam er nach Schulpforta, das damals für eine der besten Schulen galt, und gehörte nun der Anstalt sechs Jahre an, vier davon als Primaner, zwei als primus omnium. Man liess den Jünglingen, wie es scheint, viel freie Zeit; wenigstens hatte er sich bereits tief in die griechischen Tragiker und Aristophanes, in die römische Litteratur und die Klassiker des französischen Dramas eingelesen, als er nach Leipzig kam. Daneben übte er sich unausgesetzt im sorgfältigen schriftlichen Übersetzen aus den alten Sprachen, in der Erkenntnis, dass dadurch die Herrschaft über die Sprache sich am ehesten gewinnen lasse. So verdeutschte er in Pforta das vierte Buch der Georgica, die Horazischen Briefe, die Cyropädie. Bei alledem fand er aber auch Zeit, aus dem Angeeigneten das Eigne hervorgehen zu lassen und auf lyrischem

---

¹) Dieser Tag, nicht der bisher angenommene 28. Januar 1718, ist als der richtige von Seeliger erwiesen worden. Der Lebensabriss des Dichters, welchen sein Bruder dem 5. Band der „Werke" vorangeschickt hat, wurde von Söderhjelm und Seeliger besonders aus Schlegels Briefwechsel ergänzt und berichtigt.

wie auf dramatischem Gebiete selbständige Versuche zu machen. So veranlasste das Studium der griechischen Tragiker bereits in Pforta die dramatische Bearbeitung antiker Stoffe in drei Trauerspielen, dem ‚Orest und Pylades‘, der ‚Dido‘ und den ‚Trojanerinnen‘. Schliesslich regte naturgemäss die gründliche Lektüre zahlreicher Dichtungen, das eigene tastende Versuchen in dem ernsten Jüngling mancherlei Fragen über Wesen und Zweck der Dichtkunst an und führte ihn in die ästhetisch-kritische Tageslitteratur hinüber. Seine ersten prosaischen Schriften beweisen, dass er Gottscheds ‚Critische Dichtkunst‘, Boileaus ‚Art poétique‘, Hedelins, des Abtes von Aubignac, ‚Pratique du théâtre‘ gelesen und mit Urteil gelesen hatte.

Die Aufführung von Schlegels ‚Orest und Pylades‘ durch die Neuberin in Leipzig Anfang 1739 verschaffte gewiss dem früh entwickelten jungen Dichter, als er im März desselben Jahres nach Leipzig übersiedelte, schnell Eingang bei Gottsched, der damals noch auf der Höhe seines Ruhmes stand. Mit Unrecht hat es des Dichters jüngerer Bruder Adolf für nötig befunden, ein freundschaftliches Verhältnis zwischen beiden geradezu zu leugnen, um den Verstorbenen von dem Vorwurfe eines Gottschedianers reinzuwaschen (Danzel, Gottsched S. 154).

Es ist wahr, Schlegel hat sich von Anfang an durch Gottscheds Ruhmesglanz nicht blenden lassen. Mit ausgebreiteten Kenntnissen, ziemlich reif im Urteil, sich selbst seinen Weg zu suchen gewöhnt, kam er nach Leipzig; so schildert ihn schon bewundernd sein Portenser Schulfreund Janozki (Kritische Briefe an vertraute Freunde. Dresden 1745. S. 22, abgedruckt bei Söderhjelm S. 2, Anm. 5); so tritt uns sein Bild aus den Worten der Gellertschen Charakteristik (Sämtliche Schriften 1776 X, S. 39—43) entgegen: „Ich weiss niemanden, der diesen Mann gebildet hätte; sein eignes Genie und Lesen that es." Und in den Reden und Abhandlungen der Leipziger Studienjahre begegnen wir auf Schritt und Tritt einer unparteilichen, selbständigen Anschauungsweise, die mitunter zu kühner, freilich immer auf sachlichen Gründen fussender Opposition gegen den Meister wird.

Trotzdem ist der Anteil recht bedeutend, den Gottsched an der Entwicklung Schlegels in seinen produktiven Jahren gehabt hat, indem er ihm mannigfache Anregung zum Denken und Dichten, andrerseits auch reichlich Gelegenheit gab, das Geschaffene zu veröffentlichen. Der Zeitpunkt, in dem Schlegel mit Gottsched in Berührung trat, konnte für ihn, den Lernenden, gar nicht günstiger sein.

Gottsched war 1738 aus der ‚Deutschen Gesellschaft' ausgeschieden; von den sprachlichen und litteraturgeschichtlichen Fragen, wie sie besonders in den ‚Critischen Beyträgen' erörtert worden waren, hatte die Verbindung mit der Neuberin sein Interesse immer mehr der Bühne zugelenkt. Er hatte sich redlich bemüht, mit den bisherigen verrotteten Zuständen, mit den Hanswurstiaden und Haupt- und Staatsaktionen aufzuräumen. Jetzt, als 1740 die Neuberin, die eifrigste Förderin der gereinigten Bühne, Deutschland den Rücken kehrte, tauchte der Gedanke einer ‚Deutschen Schaubühne' auf, eines Sammelwerkes, das dem neugeschaffenen, regelmässigen Theater einen Halt geben, besonders aber auch jungen Dichtern Gelegenheit bieten sollte, „Stücke, so sie etwa übersetzt und selbst verfertigt, gut aufführen zu sehen." (Ankündigung in den Crit. Beytr. VI, 521). Gerade diese Aufforderung an die jungen Schriftsteller, ihre Kräfte in den Dienst des neuen Unternehmens zu stellen, ist ein unleugbares Verdienst Gottscheds. Sie fand bei Schlegel um so willigeres Gehör, als das Drama schon damals den Mittelpunkt seiner Interessen bildete und Zeit seines Lebens seine Leidenschaft geblieben ist, der er, wie Gellert in der erwähnten Charakteristik meint, auch eine Mädchenliebe geopfert hätte. Dieses bewusste Einschränken seiner besten Kraft auf das eine Feld unterscheidet ihn bedeutsam von Gottsched, der rastlos in die verschiedensten Gebiete, Theologie und Weltweisheit, Poetik, Rhetorik und Grammatik, Litteraturgeschichte wie angewandte Dichtkunst mehr anregend oder organisierend eingriff, als vertiefend eindrang. So kam es, dass Schlegel, der die Bühnenlitteratur der Alten und Neuern nicht minder gründlich kannte, wie die ästhetischen Theorien der Griechen und Franzosen, Wesen und Aufgabe der tragischen Kunst viel tiefer fasste als sein Meister und im Gegensatz zu dessen kompilierter, vielfach sich widersprechender ‚Dichtkunst' auf dem Grundsatze von der Nachahmung eine ganze theatralische Dichtkunst von unten herauf folgerichtig bauen wollte. Je mehr auf diesem Gebiete Schlegel durch die Fülle seiner Kenntnisse, die Schärfe seines Urteils, die Güte seiner dramatischen Schöpfungen seinen Lehrer im Laufe der Jahre übersah, um so schwieriger musste für beide das gegenseitige Verhältnis werden, besonders wenn zeitgenössische Stimmen den Schüler auf Kosten des Meisters erhoben.

Die nachhaltigste Anregung zu fröhlichem Schaffen und zu ernstem Durchdenken ästhetischer Fragen gab einem strebsamen Kreise junger Leute der regelmässige Verkehr mit Gottsched in dessen ‚Vormittägiger Rednergesellschaft'. Unbedingte Anhänger Gottscheds, wie Schwabe, Straube, Koppe, mochten sich da mit freier Denkenden, wie Kästner, Rabener, Gärtner treffen, und an hitzigen Wortgefechten fehlte es gewiss nicht. Fünf Reden, die Schlegel dort gehalten hat, zum Teil allgemein moralischen Inhalts, sind in den dritten Band der Werke aufgenommen worden. Schlegels selbständiges Verhältnis zu Gottsched sprach sich hier beispielsweise in dem Streit über die Berechtigung des Reimes in der Komödie aus, der sich mit Straube in dieser Gesellschaft entspann und in den ‚Critischen Beyträgen' fortgeführt wurde. Er kämpfte in dieser Frage als Verteidiger des Reimes gegen Gottscheds damalige Anschauung, die Straube vertrat. Dieser Gegensatz verschärfte sich noch, als sich ihm in dem ‚Schreiben über die Komödie in Versen' (Crit. Beytr. 1740. VI, 624—51) die Formfrage nach dem Werte des Reims unter der Hand zu einer Prinzipienfrage nach Zweck und Wesen der Dichtkunst überhaupt vertiefte: Gottsched sah den Zweck der Poesie noch mehr im prodesse, als im delectare; so ist es nach ihm ja die Aufgabe der Tragödie, einen allgemeinen moralischen Lehrsatz an einem lehrreichen Beispiel den Hörern zu erweisen. Schlegel wagt es, allerdings im Anschluss an französische Ästhetiker, wie

v. Antoniewicz dargethan hat, das Vergnügen als einzigen Endzweck der Kunst zu bezeichnen. Gleichzeitig setzte er den Hebel an einem der schwächsten Punkte der Gottschedischen Dichtkunst an: Gottsched hatte die Thätigkeit des Dichters als Nachahmung der Natur bezeichnet, ohne von diesem dehnbaren Begriff eine klare Bestimmung zu geben. Schlegel hat es sich zu einer Hauptaufgabe gemacht, durch eine Kette von Folgerungen die Frage, wie und wie weit der Dichter die Natur nachahmen müsse, zu beantworten. Wir haben keinen Grund zu glauben, dass Gottsched schon während der Studienjahre Schlegels eifersüchtig auf dessen Leistungen gewesen sei und ihm, wie v. Antoniewicz meint (S. XXX), ein „nur geheucheltes Wohlwollen" entgegengebracht habe. So lange er ihn noch unbedingt zu seinen Schülern zählen durfte, erfüllte ihn die Kühnheit der Gedanken, die Schärfe des Urteils bei demselben wohl eher mit Stolz. Überdies war er viel zu sehr von seinen beschränkteren Ansichten eingenommen, als dass er die hohe Bedeutung der Gedanken seines Schülers von vornherein richtig gefasst hätte. Erst andere haben ihn auf diese Überlegenheit Schlegels hingewiesen, und das hat ihn dann verstimmt, zumal er im Punkte der Eitelkeit sehr Mensch war. Andernfalls würde er in diesen Jahren jenem kaum so bereitwillig Gelegenheit geboten haben, in seinen Zeitschriften poetische Versuche und ästhetische Abhandlungen zu veröffentlichen. Auch dadurch aber wirkte er in hohem Grade fördernd und ermutigend auf den angehenden Schriftsteller ein. Freilich verlangte er dann auch, dass die jungen Kräfte, die er, wie Rabener einmal sagt, „auf echt preussisch zu werben" verstand, seinen Interessen dienten. Einigemal hat ihm daher auch Schlegel Zugeständnisse, vielleicht wider bessere Überzeugung, gemacht, so sehr er im allgemeinen sich bei diesen Arbeiten für die ‚Critischen Beyträge' und die ‚Belustigungen des Verstandes und Witzes' seine volle Selbstständigkeit zu wahren wusste. So hat er einmal, nur einmal, einem Lieblingsgedanken Gottscheds nachgebend, den polternden patriotischen Ton gegen die Franzosen angeschlagen, der ein so bezeichnendes Merkmal

Gottschedischer Schriftstellerei ist. Im 23. Stück der ‚Critischen Beyträge' (1740. VI, 515 = Werke IV, 86) findet sich von Schlegel ein poetisches ‚Schreiben an den Professor Gottsched über Mauvillons zehnten Brief in den Lettres sur les François et les Allemands'. Dieser Brief hatte im Hinblick auf die bisherige deutsche Litteratur den Ausspruch des Pater Bouhours ausgeführt, es gäbe in Deutschland keinen bel esprit, keinen guten Dichter. Der junge Schlegel, der, wie Gottsched in einer empfehlenden Fussnote bemerkt, in diesem „schönen Schreiben eine kernigte Schreibart mit der Richtigkeit der Wortfügung, und den Nachdruck der Redensarten mit der Deutlichkeit sehr glücklich zu verbinden weiss", weist den kecken Franzmann mit gerechtem Stolze auf die Opitz und Günther, die Pietsch, Canitz und Gottsched hin. Dass dieser geharnischte Patriotismus eigentlich seine Sache nicht war, dass dieser etwas phrasenhafte Brief vielmehr wohl auf höhern Befehl verfasst wurde, beweist ein 1744 abgefasstes poetisches Schreiben ‚über die Liebe des Vaterlandes' (Werke IV, 117—124), in dem er es eine Thorheit nennt, mit dem Vaterlande auch wider die Wahrheit auf Kosten anderer Länder zu prahlen, und über französische Sklaverei zu zetern, wenn einmal die wahren Vorzüge der Nachbarn anerkannt würden. Wenn ihn also die Schweizer wegen dieses — man möchte fast sagen — unfreiwilligen Ausfalles gegen Mauvillon in den ‚Zürcherischen Streitschriften' II, S. 35 als einen Verächter guter ausländischer Schriftsteller und als Gottschedianer brandmarkten, so haben sie ihn völlig verkannt. Gerade die unbefangene Würdigung ausländischer Meister, ein feines Empfinden für nationale Eigenheiten zeichnet ihn vor Gottsched aus, der den Begriff Nationalgeschmack nie verstanden hat. Wie Schlegel früh in der griechischen Welt heimisch geworden war, wie er dann den französischen Ästhetikern einen Schatz fruchtbringender Ideen verdankte, so zogen ihn bald die englischen Dramatiker an, später fand er sogar Geschmack an der älteren dänischen Litteratur. Dieser kosmopolitische Zug, der ja in besonders hohem Grade seinen berühmten Neffen Friedrich und August

v. Schlegel eigen ist, verrät sich schon in einer Ode ‚Über den Missbrauch der Dichtkunst', die noch vor dem Briefe gegen Mauvillon geschrieben ist. Hier werden in zwei Strophen, die uns der Bruder erhalten hat (Werke IV, 177), Corneille, Racine, Molière und Voltaire, ferner Englands ruhmreiche Dichter, Milton und Addison, bewundert. Gottsched nahm die Ode in die ‚Belustigungen' auf, liess aber eigenmächtig, wohl wegen der lobenden Erwähnung Miltons und Molières, gerade diese Strophen weg, ein höchst unedles Verfahren, das er sich Schlegels geistigem Eigentume gegenüber auch später wieder erlaubt hat, und das, begreiflicherweise, selbst einen so friedliebenden Menschen wie Schlegel reizen musste.

Die litterarhistorischen und ästhetischen Aufsätze, die Schlegel in den Jahren 1741 und 1742 für die ‚Critischen Beyträge' geliefert hat, sind wohl zum grössern Teile Gottscheds direkter Anregung zuzuschreiben. Eignes Interesse hätte ihn kaum auf Klaj's ‚Herodes', auf des Gryphius ‚Leo Arminius' geführt. Aber die gestellten Aufgaben waren ihm willkommener Anlass, allgemeine ästhetische Fragen gründlich zu erörtern. Vieles in diesen Arbeiten ist eine stillschweigende Opposition gegen das Regelwerk der ‚Critischen Dichtkunst' Gottscheds. So, wenn er bei der Beurteilung der Klajschen Schauertragödie ‚Herodes der Kindermörder', die in die Form eines ironischen Lobes gekleidet ist, bereits an der Einheit des Ortes rüttelt und den farblosen lieu théâtral der Herren Nachbarn verspottet; so, wenn er, vor die Aufgabe gestellt, den ‚Julius Cäsar' Shakespeares mit dem ‚Leo Arminius' zu vergleichen, nicht, wie Gottsched es erwartet haben mochte und es selbst in einer kurzen Anzeige der deutschen Übersetzung des ‚Julius Cäsar' im 27. Stück der ‚Beyträge' (VII, 516) gethan hatte, masslos grob über diese „erbärmliche Haupt- und Staatsaktion" des unregelmässigen Engländers aburteilte und dafür den bisher grössten deutschen Dramatiker pries, sondern nach gründlicher Untersuchung zu dem Resultat kam, dass beide manche Fehler und manche Vorzüge gemeinsam haben, dass aber doch „bey dem Shakespear überall eine tiefere Erkenntnis des

Menschen, als bey Gryph hervor zu leuchten scheine". Gottsched hat, wie es scheint, auch hier den Gegensatz, in den sein Schüler zu ihm trat, nicht herausgefühlt; er hätte sonst im 29. Stück der ‚Beyträge' (VIII, 162), in dem er die Verherrlichung Shakespeares durch den ‚Spektator' mit all seinem Hass gegen die Landsleute Miltons bekämpft, den auf Schlegels Abhandlung zielenden Satz ungeschrieben gelassen: „Wer übrigens eine vollständige Nachricht und Untersuchung dieses Trauerspiels sehen will, der lese nach, was in diesen Beyträgen im VII. Bande davon bereits gemeldet worden; so wird man gar leicht inne werden, wie ungegründet die Hochachtung sey, die unser Gegner (er meint den Spektator) gegen den Schackespear blicken lassen." Wenn er Schlegels Aufsatz „missverstehen wollte", wie v. Antoniewicz S. LXXXIX annimmt, die Bedeutung desselben aber wohl zu würdigen wusste, so würde er sich gehütet haben, seine Leser darauf zu verweisen. Ausführlich ist das Verhältnis der ästhetischen und dramaturgischen Schriften Schlegels zu Gottscheds Anschauungen durch v. Antoniewicz in der schon mehrfach erwähnten Einleitung dargestellt worden.

Von Einfluss auf das weitere Verhältnis der beiden Männer ist der Streit Gottscheds mit den Schweizern geworden, der 1740 ausgebrochen war. Anfänglich strafte Gottsched die heftigen Ausfälle der Gegner mit vornehmer Nichtachtung; allmählich aber verlor er diese erkünstelte Ruhe; verstimmt und gereizt hielt er nun um so starrköpfiger an jedem Titelchen fest, das ihm bisher für richtig gegolten; misstrauisch musterte er jetzt auch die Schar seiner Schüler auf ihre Stellung zu den Schweizer Feinden. Während einige für ihren Lehrer wacker in die Bresche traten, ja die Fehde zuerst allein führten, so Schwabe in den ‚Belustigungen', später Mylius in den ‚Hallischen Bemühungen', hielt sich Elias Schlegel von dem Kampfe fern, nicht nur, weil seine feinfühlende Natur überhaupt den lärmenden Streit verabscheute, sondern vor allem, weil er kein Interesse an den Streitfragen hatte. Die ästhetischen Grundprobleme, die ihn anzogen, blieben bei dem Gezänke der Parteien seitwärts liegen.

Nicht das Drama, Schlegels eigentlichstes Lebensgebiet, sondern das Epos, das beiden Lagern als höchste Dichtungsgattung galt, stand im Brennpunkt der Interessen. Die Wertschätzung Miltons, die Frage, ob Homer oder Virgil die Palme gebühre, die äsopische Fabel, das alles waren Dinge, die ihn nicht zu leidenschaftlicher Parteinahme zu bewegen vermochten. Und wenn ihn manche Berührungspunkte in den Anschauungen den Schweizern nähern konnten, so die gemeinsame Hochschätzung der englischen Litteratur, die Erkenntnis, dass das „empfindliche Ergetzen", nicht der blosse Nutzen Hauptzweck der Poesie sei, so blieb doch andrerseits in allen dramatischen Fragen, für welche die Schweizer nur geringes Verständnis zeigten, Gottsched ihm eine wertvolle Autorität. Er hatte also keine Ursache, aus seiner Neutralität herauszugehen. Gottsched freilich konnte ihn künftig nicht mehr zu seinen unbedingt treuen Anhängern rechnen.

Die beiderseitigen Beziehungen wurden ohnehin lockrer, als Schlegel Ende 1742 nach Dresden, im Frühjahr 1743 nach Kopenhagen als Sekretär der Sächsischen Gesandtschaft übersiedelte. Gerade von Dresden aus, wo Gottsched zu seinem Schmerze nie einen Anhang hatte gewinnen können, war eben 1742 die erste offne Kriegserklärung aus nächster Nähe gegen Gottsched gerichtet worden: Liscows Vorrede zur zweiten Auflage von Heinckens Longinübersetzung; „eine Mine, die den kritischen Nachbarn aufs Haupt gesprenget wird", nannte sie Hagedorn in einem Briefe an Wilckens. 1743 erschienen dann ein Jahr lang die ‚Dresdnischen Nachrichten von Staats- und gelehrten Sachen', in antigottschedischem Sinne von den ‚deutschen Schweizern' geleitet; ihr Senior war der alternde Hofdichter König, den einst Gottscheds unbarmherziges Verurteilen der Oper beleidigt hatte; das schweizerisch grobe Element vertrat darin der Verfasser des plumpen, auf Gottsched zielenden ‚Vorspiels' (1742), Rost; ihr gefährlichster Kritiker war Christian Ludwig Liscow[1]). In diesen Kreis trat jetzt der 22jährige

---

[1]) Diese Dresdner Verhältnisse behandelt eingehend Litzmanns Monographie über Liscow.

Schlegel. Ein begeisterter Anhänger Gottscheds war er nie gewesen; er musste während seiner Studien manche schwache Seite des Meisters erkannt haben und hatte sich ja mehrfach auch seinen Ansichten widersetzt. Um so eher musste der Ton, in dem man in Dresden von Gottsched sprach, auf sein eigenes Urteil von Einfluss sein, zumal ihm die Persönlichkeit Liscows, vielleicht des massvollsten und klarsten kritischen Kopfes jener Tage, bei näherem Verkehr volle Hochachtung einflösste, wie sein Brief an Hagedorn vom 9. November 1743 beweist (Hagedorns Werke, herausgegeben von Eschenburg, V, 292). Wie aber dieser sonst so kühl und besonnen urteilende Liscow damals über Gottsched dachte, lehrt eine Antwort vom 24. Dezember 1741 auf Hagedorns Anfrage, ob er in einer Vorrede Gottsched unter den Odendichtern mit aufführen solle: „Sachez que le Sr. G. est tellement perdu de réputation ici, qu'on a honte de se voir confondu avec un homme de sa trempe — — il est nécessaire de substituer à la feuille commaculée d'un nom aussi méprisable que celui de Gottsched, une autre — —" (Litzmann, Liscow S. 130). Wie mussten solche Urteile eines so einsichtsvollen Mannes dem jungen Dichter das Bild seines bisherigen Lehrers entstellen! Und wenn ein lobenswertes Pietätsgefühl ihn hinderte, jäh mit ihm zu brechen, so kann es doch nicht Wunder nehmen, wenn in den wenigen Briefen, die er seit seinem Weggange von Leipzig an Gottsched richtete, ein förmlicher Ton herrscht und die Versicherungen der Anhänglichkeit und Dankbarkeit gezwungen klingen. Diese acht Briefe, die Schlegel in den Jahren 1742 bis 1746 an seinen Lehrer geschrieben hat und die in Gottscheds umfangreichem Briefnachlass auf der Leipziger Universitätsbibliothek aufbewahrt werden, sind zum Teil von Danzel (Gottsched S. 150 ff.), vollständig von Seeliger (a. a. O. S. 174 ff.) veröffentlicht worden. Aber wie dürftig, wie frostig und förmlich erscheinen sie, wenn man andre wort- und gefühlreiche Briefe der Zeit damit vergleicht, etwa Schlegels Briefe an Hagedorn und Bodmer! In den ersten findet man neben dem Dank für Empfehlungen, dem Lob des abwartenden

Verfahrens, das Gottsched seinen Feinden gegenüber einschlug, noch einen Ausdruck des Bedauerns, dass man die „Magnificenz itzo auf allen Seiten anzugreifen suche"; doch wiegen die nüchternen Bemerkungen über den Druck der in Gottscheds Zeitschriften zu veröffentlichenden Abhandlungen und Dramen Schlegels, Andeutungen über die Erläuterungen, die etwa in der Vorrede zu den Dramen zu geben seien, vor. Wenn der Schreiber einerseits eine ihm werte Beziehung mit einem geschätzten Lehrer und Kunstrichter um seiner selbst und um seiner in Leipzig studierenden Brüder willen aufrechtzuerhalten suchte, so lag ihm doch andrerseits auch daran, seine Dramen in die ‚Schaubühne', seine Abhandlungen in Gottscheds Zeitschriften zu bringen. Dass das Verhältnis immer kühler wurde, dass die Briefe immer mehr das Gepräge einer rein geschäftsmässigen Korrespondenz trugen, das hat Gottsched selbst verschuldet. In der Vorrede zu dem 1743 erschienenen vierten Teil der ‚Deutschen Schaubühne', der ausser Schlegels Trauerspiel ‚Hermann' und Lustspiel ‚Der geschäfftige Müssiggänger' auch recht erbärmliche Originaltragödien von Gottscheds Schülern Quistorp und Grimm enthielt, stellt sich der Herausgeber mit Stolz als den geistigen Vater dieser „neuen, regelmässigen Stücke" hin: durch seine patriotische Aufmunterung, durch seine ‚Critische Dichtkunst' und die in den ersten Teilen der ‚Schaubühne' enthaltenen Stücke seien die geschickten Verfasser, die auch in verschiedenen Teilen der freien Künste seine Zuhörer gewesen, zu diesen Versuchen angefeuert worden, sie hätten ihm auch aus besonderem Vertrauen die Ehre angethan, ihm nicht nur den Entwurf ihrer Stücke, sondern auch die Ausarbeitung nach und nach vorzulesen oder doch stückweise seiner Beurteilung zu unterwerfen. Das mochte auf den Studiosus Grimm, auf den Rostocker Licentiaten Quistorp passen; Schlegels Selbstbewusstsein musste sich dadurch verletzt fühlen. Nicht die elenden Stücke der ‚Schaubühne' hatten ihn zu seinen Dramen angeregt, die Griechen und Franzosen hatten es gethan. Verdriessen musste es ihn ferner, dass Gottsched bei der Besprechung der einzelnen Stücke den ‚Herrmann', sein liebstes und

nach seiner Meinung bestes Stück, kurz abfertigte und obendrein
— für sein Gefühl wenigstens — entwürdigte, indem er dies
Werk, in dem Schlegel seine Gedanken von der hohen und reinen
Aufgabe der Kunst verkörpert zu haben glaubte, völlig missverstand und mit echt Gottschedischem Chauvinismus für eine
Tendenzdichtung erklärte, deren Spitze sich gegen das moderne
Frankreich kehre. Schliesslich fühlte er wohl auch Gottscheds
kleinliche Eifersucht heraus, wenn dieser in derselben Vorrede
bei einem Vergleiche zwischen dem ‚Herrmann' und Quistorps
kläglichem ‚Aurelius' zu dem Schlusse kam: „Kurz, wird dort
(im Herrmann) Verstand und Witz, so wird hier (im Aurelius)
das Herz beschäfftiget, ja bezaubert und hingerissen werden."
Mochte wirkliche Unfähigkeit, unbefangen zu urteilen, oder eine
unedle Regung von Neid die Missgriffe dieser Vorrede verschuldet
haben, in jedem Falle war sie geeignet, das Band zwischen
Lehrer und Schüler noch mehr zu lockern. Schlegel sagt über
sie in einem ‚Vertraulichen Briefe' vom 11. Juni 1743 (Werke V,
XXXIV): „Des Herrn Professors Gottsched Urteil vom geschäfftigen Müssiggänger ist die beste Stelle in seiner ganzen
Vorrede. Alles übrige darinn missfällt mir so ziemlich, weil es
mit seinem gewöhnlichen Vertrauen auf seinen eignen Beyfall
geschrieben ist, und die Auslegung der Absichten in meinem
Herrmann ist so beschaffen, dass ich sehr wünschte, dass sie
weggelassen würde." Auf einen Brief Gottscheds vom 20. Mai
1743, den jener vierte Band begleitete, antwortet Schlegel am
3. August. Zuerst ein lauer Dank: „Ich habe Ursache, Ihnen
besonders für den richtigen Abdruck meiner beiden Stücke verbunden zu seyn"; die Bemerkungen über den Herrmann streift
er mit keinem Wort; er fürchtete wohl, bitter zu werden. Dagegen kritisiert er massvoll, aber im allgemeinen abfällig die
übrigen Stücke. Dass er — etwas boshaft — meinte, das ohne
Verfassernamen gedruckte Lustspiel der Gottschedin ‚Die ungleiche Heyrath' habe ihn anfänglich wegen vieler artiger Einfälle
wie eine Schöpfung der Frau Professorin angemutet, durch den
derben Schluss sei er jedoch von diesem Irrtum bekehrt worden,

mag das gelehrte Ehepaar doch etwas verschnupft haben, wie eine entschuldigende Wendung in Schlegels nächstem Briefe beweist.

Eine weitere gegenseitige Verstimmung mag durch die ‚Abhandlung von der Nachahmung' entstanden sein, Schlegels dem Umfang und Inhalt nach grösstes prosaisches Werk, das den Kern seiner ästhetischen Überzeugungen enthält. Er hatte es Gottsched zur Verfügung gestellt, und in dessen Zeitschriften ist es, in drei Stücke zerrissen (Crit. Beytr., 29. Stück 1742, 31. Stück 1743 und der Schluss erst 1745 im ersten Bande des ‚Neuen Büchersaals'), gedruckt worden, ohne nach Verdienst von den Zeitgenossen gewürdigt zu werden. Gottsched hat die Veröffentlichung absichtlich verschleppt. Schlegel schreibt darüber am 19. April 1746 an Bodmer (Briefe an Bodmer, herausgegeben von Stäudlin, S. 36): „Die dritte Abteilung meiner ‚Abhandlung von der Nachahmung' wird vielleicht niemals gedruckt werden. Der Herr Professor Gottsched muss etwas kezerisches darinn gefunden haben, weil er eine Lage daraus verloren, und da ich sie ihm noch einmal schickte, sie noch nicht ans Licht gebracht hat." Allerdings, manche Stelle konnte Gottsched als geradezu gegen sich gerichtet auffassen, beispielsweise die Worte: „Wenn wir aber fragen, welches von beyden der Hauptzweck sey: so mögen die strengsten Sittenrichter sauer sehen, wie sie wollen, ich muss gestehen, dass das Vergnügen dem Unterrichten vorgehe" (Neudruck S. 135, 13—16).

Über denselben Gedankenkreis, in dem diese Abhandlung sich bewegte, hatte Schlegel am 2. Dezember 1741 in Gottscheds Rednergesellschaft einen Vortrag „Von der Unähnlichkeit in der Nachahmung" vorgelesen; er sollte in der Sammlung der Übungsreden jener Gesellschaft, die unter Gottscheds Leitung Löschenkohl 1743 herausgab, mit veröffentlicht werden, wurde aber gleich verschiedenen andern Vorträgen Schlegels unterdrückt, weil, wie der Bruder im Vorbericht dazu (Werke III, 165) sagt, „diese kritischen Reden den damals herrschenden Grundsätzen allzuoffen widerstritten." Während einige unschädliche „moralische" Reden Schlegels in dieser Sammlung eine Stelle fanden, gingen die

Handschriften jener kritischen Reden unter Gottscheds Händen verloren bis auf die einzige, durch Zufall erhaltene ‚Von der Unähnlichkeit‘, die dann 1745 im 5. Stücke des 1. Bandes der ‚Bremer Beiträge‘ gedruckt wurde. Man wird es im Hinblick auf ein so gewissenloses Verfahren Gottscheds Schlegeln nicht zu hoch anrechnen, wenn er sich später hier und da schärfer über seinen Lehrer geäussert hat.

Noch während des steifen Briefverkehrs mit Gottsched, von dem Schlegel selbst am 2. April 1749 Hagedorn gegenüber äussert, dass er „ein wenig trocken war", entspann sich mit letzterem ein um so lebhafterer und freundschaftlicherer, der bis zu Schlegels Tode fortgeführt wurde, und von dem uns im 5. Bande der Werke Hagedorns eine Anzahl Briefe Schlegels, leider nur sechs, obendrein mit Auslassungen und ohne Hagedorns Antworten, erhalten sind. Diese und die später mit Bodmer gewechselten Briefe bilden neben Schlegels Schriften die einzige Quelle für die Würdigung seiner Stellung zu Gottsched in seinen letzten Jahren bis 1749. Von dem übrigen mannigfaltigen Briefwechsel, den er nach einer Bemerkung in dem Schreiben an Hagedorn vom 2. April 1749 fast sechs Jahre lang geführt, ist bis jetzt nichts zu Tage gekommen; besonders zu bedauern ist dieser Verlust bei den bis zu Schlegels Tode mit Kästner, wenn auch nur von Messe zu Messe gewechselten Briefen[1]). In lebhaftem Verkehr stand er ferner mit seinen beiden Brüdern, wohl auch mit Gärtner als dem Herausgeber der ‚Neuen Beiträge‘.

---

[1]) Für ein innigeres Verhältnis zu Kästner fehlt es nicht an Belegen: unter Kästners Gedichten finden sich vier an oder auf Schlegel: Schönwissenschaftl. Wke. 1841 I, 111. 127. 128. II, 49; in dem dritten könnte man einen tadelnden Hinweis auf Gottscheds Verhalten gegen Schlegel in den Worten finden:

> Spiele, weil dich noch zum Spielen
> Selbst der Richter Lob entflammt,
> Eh du ihren Zorn wirst fühlen,
> Der aus deiner Grösse stammt;
> Eh man noch, von Neid erfüllt,
> Dich, den Deutschland ehret, schilt.

Die liebenswürdige Persönlichkeit Hagedorns, sein feines Verständnis der Alten, seine friedliebende, klassisch heitere Weltanschauung scheint Schlegel bei der Durchreise durch Hamburg im Frühjahr 1743 ganz gewonnen zu haben; denn die Briefe aus Kopenhagen atmen eine gewisse zärtliche Leidenschaft, zu der sich der zurückhaltende Jüngling sonst nicht hinreissen liess. „An den Herrn von Hagedorn" richtete er 1743 seine gehaltreichste und formell schwungvollste poetische Epistel (Wke. IV, 114) über das Thema: wann macht Wissenschaft glücklich? Auf ihn ist wohl zum Teil Schlegels immer wachsendes Interesse für die englische Litteratur zurückzuführen; nicht minder hoch ist sein Einfluss auf dessen Beurteilung der Zeitgenossen und Zeitfragen, besonders des Schweizerstreits, anzuschlagen. Ihm setzt er daher auch ganz offen sein Verhältnis zu Gottsched gleich im ersten der erhaltenen Briefe vom 4. September 1743 (Hagedorn Wke. V, 285) auseinander; es ist eine Antwort auf Hagedorns naheliegende Anfrage, warum er seine Werke nicht selbständig herausgebe, sondern die Veröffentlichung Gottsched überlasse. Er sehe, meint er, eben kein Unglück dabei und könne deswegen nicht in vernünftiger Leute Augen dafür angesehen werden, ob er zu jemands Fahne geschworen habe, wenn er einem einen Beitrag zu seinen Sammlungen gebe. Immerhin suche er falsche Auslegungen und Streitigkeiten zu vermeiden und neutral zu bleiben. Schnell folgt nun Brief auf Brief, während unterdessen die Korrespondenz mit Gottsched schweigt.

Mit Schlegel trat er für den Rehn in einem Gedicht ein, das die ‚Belustigungen' vom März 1742 (II, 240 ff.) brachten. Als Schlegel in derselben Zeitschrift eine Art satirisches Wochenblatt ‚Der junge Herr' erscheinen liess, richtete ebendarin Kästner ein neckisches Sendschreiben an den jungen Herrn wegen einer Historie der Moden (1742 II, 148); (vielleicht auch noch das ähnliche anonyme Schreiben April 1742 II, 344). Schlegel seinerseits ahmte, wie v. Antoniewicz bemerkt hat, im ‚Herodes' die ironische Färbung eines kurz vorher in den ‚Critischen Beyträgen' erschienenen Kästnerschen Aufsatzes nach und richtete in den Belustigungen (April 1742 II, 337 — Wke. IV, 107) an diesen einen poetischen Brief, „dass die Mathematik einem Dichter nützlich sey".

Erst vom 2. April 1744 finden wir wieder eine Antwort Schlegels auf ein Schreiben Gottscheds, in dem letzterer, noch bevor das Schlegelsche Trauerspiel ‚Dido' im 5. Bande der Schaubühne gedruckt wurde, eine vergleichende Beurteilung dieses Stückes und des ‚Herrmann' gegeben hatte, die im wesentlichen vermutlich genau so lautete, wie die später in der Vorrede zur Schaubühne gedruckten Bemerkungen. Hier nahm Gottsched auf Grund des Satzes, dass es die Hauptabsicht des Trauerspiels sei, „durch die Erregung des Schreckens und Mitleidens, die Gemütsbewegungen der Zuschauer zu reinigen, oder sie zu erbauen", für das Jugendwerk ‚Dido' gegen den ‚Herrmann' Partei, „weil sie mehr zärtliche und starke Leidenschaften, einen natürlichen Ausdruck, und weniger Lehrsprüche in sich hält als jener. Hier redet das Herz mehr; und dort herrschet mehr der Witz" u. s. f. Beim ‚Herrmann' würden die Hörer müde, den „erhabenen Sittensprüchen" und „Orakeln nachzusinnen", und die Schauspieler nicht minder, „immer solche tiefsinnige Gedanken herzupredigen." Wenn etwas Richtiges in diesem Urteil lag, so war es doch verletzend ausgedrückt und hätte durch Hinweis auf die Vorzüge, die ‚Herrmann' wirklich vor ‚Dido' hat, gemildert werden müssen. In seiner Antwort lässt Schlegel zwar das Urteil über die beiden Stücke gelten, weil man bei der Schätzung eigener Arbeiten dem Betruge ja am ehesten unterworfen und keineswegs das immer das beste sei, was die meiste Mühe gekostet; aber er nimmt seinen ‚Herrmann' wenigstens in bezug auf die Form in Schutz, hinsichtlich welcher er in der That über der ‚Dido' steht: eine sorgfältige Ausarbeitung der Verse gehöre doch auch zu einem guten Stücke, ja, „die Majestät des Trauerspiels unterhält sich grösstentheils hierdurch, und ein blosses überflüssiges Wort kann bei einem aufmerksamen Zuschauer den besten Affect lächerlich machen." Er mochte dabei an Stücke wie Quistorps ‚Aurelius', vielleicht auch an Gottscheds ‚sterbenden Cato' denken. Im Verlaufe des Briefes spricht er freimütig seinen neutralen Standpunkt in dem Streit zwischen Sachsen und der Schweiz, mit besonderem Bezug auf die Beurteilung Miltons aus: „Mich haben die Sticheleien, die die Herren

Schweitzer mir hin und wieder angebracht, von meinen friedfertigen Gedanken nicht abbringen können, und ungeachtet ich den Milton nicht mit Schweitzerischer Ehrfurcht anbethe, so kann ich nicht läugnen, weil Ew. Magnificenz meine Meinung wissen wollen (also hatte ihn Gottsched, wie es scheint, zwingen wollen, einmal Farbe zu bekennen), dass ich ihn auch nicht mit der Verachtung Effinger des Jüngern ansehen kann." Die letzten Worte zielen auf ein gegen die Schweizer gerichtetes, wohl von Gottsched verfasstes ‚Schreiben an die Herausgeber dieser Beyträge — — — von Effinger dem Jüngern. Chur, 17. August 1743' im 31. Stücke der ‚Critischen Beyträge', das ein fingiertes, schwülstiges, angeblich im Schweizerstil gehaltenes Hochzeitsgedicht ironisch lobt. Etwa gleichzeitig sprach er sich gegen diese Verirrungen, wie sie die späteren Hefte der ‚Beyträge' aufwiesen, weit herber in einem Briefe aus, dessen Datum und Empfänger Heinrich Schlegel (Wke. V, XXXV) nicht angiebt: die Stücke gegen Milton und die Neuberin in jener Zeitschrift seien so schlecht und seicht, dass er sie aus Ärgernis einigemal aus den Händen geworfen, um sich wieder zu erholen, ehe er sie hätte auslesen können. Seiner edlen Natur erweckten so plumpe Rohheiten Ekel. Danzel glaubt (S. 154), Gottsched habe die freimütige Äusserung über Milton übel vermerkt und deshalb den Briefverkehr abgebrochen. Allein gerade in der Miltonfrage hatten sich auch sonst seine Schüler erlaubt, freiere Ansichten zu äussern, so bereits 1741 im 1. Bande der ‚Belustigungen', S. 164 ff. (Anmerkungen über das Ergänzungsstück). Ferner findet sich, was Danzel übersehen und erst Söderhjelm (S. 22) bemerkt hat, auf der Leipziger Universitätsbibliothek noch ein Brief Schlegels vom 4. Mai 1745 (bei Seeliger No. 7, S. 186), dessen Wortlaut ein vorangegangenes Schreiben Gottscheds voraussetzt, in dem er um Zusendung des ‚Orest und Pylades' für den letzten, 6. Band der ‚Schaubühne' gebeten hatte. Schlegel antwortet, Gottscheds günstiges Urteil über seine ‚Geschwister in Taurien' würden ihn völlig dazu vermocht haben, es ihm zu überschicken und die Publikation seinem Ermessen zu überlassen, aber bei der mangelhaften Verbindung habe ihn die Aufforderung zu spät erreicht, als dass die Handschrift noch rechtzeitig zum Druck hätte eintreffen können. In Wahrheit war er wohl froh, unter einem triftigen Vorwande einen so wertvollen Schatz einem Manne vorenthalten zu können, der mit seinen Manuskripten mehrfach nachlässig genug verfahren war. Einen Bruch wollte er durch diese Weigerung nicht herbeiführen, im Gegenteil, er erbittet sich in demselben Briefe Gottscheds Urteil über seine Wochenschrift ‚Der Fremde‘, „da ich nicht mehr so glücklich bin, von dero Unterredungen Vorteil schöpfen zu können." Immerhin zeigt sich in dieser Zeit auch sonst bei ihm das Bestreben, sich aus Gottscheds Schlingen allmählich los zu machen. So ist, abgesehen von dem verschleppten Schlussstück der ‚Abhandlung von der Nachahmung‘, seit 1744 in der ‚Schaubühne‘ und in Gottscheds Zeitschriften, zu denen trotz ihrer freieren Haltung auch die ‚Belustigungen des Verstandes und Witzes‘ zählen, für welche Schlegel früher eine Anzahl Aufsätze und poetische Kleinigkeiten geliefert hatte, nichts mehr von ihm erschienen. Das war eine Art Demonstration, zu der ihn wohl auch der Umstand vermochte, dass Fernerstehende sein Verhältnis zu Gottsched für inniger hielten, als es wirklich war und als er es wünschte, und dass Angriffe gegen den Meister dann auch ihn als Gottschedianer trafen, wie ein gelegentlicher Ausfall auf Schlegel in Pyras scharfer Streitschrift von 1743 ‚Erweis, dass die G*ttsch*dianische Sekte den Geschmack verderbe‘ zeigt (v. Antoniewicz a. a. O. S. CIV ff.).

Dagegen beteiligte sich Schlegel jetzt an den neugegründeten ‚Neuen Beiträgen zum Vergnügen des Verstandes und Witzes‘, die seit 1744 in Bremen erschienen, aber von Obersachsen aus, von einer Anzahl früherer Schüler Gottscheds, herausgegeben wurden, die sich von dessen Streitereien ebenso fern gehalten hatten wie Schlegel und nun, als des Diktators Ruf immer mehr verblasste und seine Zeitschriften immer mehr Tummelplätze einer masslosen Parteiwut wurden, eine „stille, aber gediegene und ernsthafte Opposition", wie sich Crüger treffend ausdrückt, mit ihrer Zeitschrift begannen. Elias Schlegel genoss wegen seiner bisherigen Leistungen in diesem Kreise von Altersgenossen hohes Ansehen; in dem Briefe Gärtners, der Hagedorn zur Teilnahme an den Blättern einladet (Hagedorn Wke. V, 214), ist sein Name denen der andern vorangestellt. In Wirklichkeit war seine Beteiligung gering: das Vorherrschen der Moralphilosophie und der schilkernden Lyrik, die ausgesprochene Absicht, nur der Unterhaltung zu dienen und besonders dem Frauenzimmer zu gefallen, stimmte nicht zu seinen ernsteren, dem Trauerspiel und den Grundfragen der Ästhetik zuneigenden Interessen. Dieser Abfall seiner früheren Schüler musste Gottsched sehr schmerzlich sein. Er hat seinem Ingrimm Luft gemacht, indem er den letzten Teil seiner ‚Schaubühne‘ mit einem witzlosen Nachspiel ‚Herr Witzling‘ schloss, einem Machwerk seiner Frau, das dieses hochfahrende Geschlecht naseweiser Dichterlinge an den Pranger stellen sollte. Auch gegen Schlegel lässt sich manches darin deuten: wenn z. B. der Dichter Jambus eine Tragödie unter den Händen hat, die „aus lauter epigrammatischen Gedanken" besteht, so ist das ein unverkennbarer Hieb auf den Verfasser des ‚Herrmann‘.

Von einer ganz andern Seite wurde in dieser Zeit Gottscheds Eitelkeit ein schwerer Schlag versetzt, der den völligen Bruch mit Schlegel veranlasst zu haben scheint. In die Leitung des Hamburger ‚Correspondenten‘ war seit 1744 als litterarischer Kritiker Zinck (so giebt das Hamburger Schriftstellerlexikon den Namen an; Danzel schreibt Zingg) eingetreten; er hatte in dem Gezänke der Sachsen und Schweizer zuerst für keine Partei sich entschieden, da ihm der Streit unwichtig schien, aber die verdienstvolle Opitzausgabe der Schweizer, andrerseits die plumpen Angriffe der Hallischen ‚Bemühungen zur Beförderung der Critik und des guten Geschmackes‘, deren Seele Mylius war, machten ihn zum Gegner Gottscheds. In zwei Artikeln im Sommer 1745 stellte er Schlegel, freilich ohne dessen Namen zu nennen, hoch über Gottsched. Das Wesentliche darüber, sowie über Gottscheds unwürdiges Benehmen gegen Brockes, den er für den verantwortlichen Censor des ‚Correspondenten‘ hielt, steht bei Danzel S. 120.

Dieses öffentliche Lob seines ehemaligen Schülers, dessen Erfolge er in den letzten Jahren mit steigendem Neide beobachtet hatte, verletzte ihn so tief, dass er ihm nicht wieder geschrieben hat. Aber auch Schlegel hat nur noch einmal, am 20. September 1746 (bei Seeliger No. 8, S. 188), kurz und determiniert an Gottsched geschrieben, um die Handschrift seiner Elektraübersetzung, die dieser sechs Jahre unbenutzt bei sich liegen gehabt hatte, zurückzufordern. Bei einem für seine weitere Entwickelung bedeutsamen Aufenthalt in Hamburg 1745 musste er im Hause des alternden Brockes von Gottscheds plumper Taktlosigkeit erfahren, und wenn ihn der Verkehr mit Zinck und Hagedorn noch feindlicher gegen Gottsched stimmte, so führte der Letztere auch noch eine direkte Verbindung Schlegels mit Bodmer herbei. Durch die Teilnahme an den Bremer Beiträgen hatte sich Schlegel schon zu diesem eine Brücke geschlagen; denn Bodmer sah in deren Herausgebern halbe Bundesgenossen und hatte sich mehrfach lobend über ihre Leistungen geäussert, so in Briefen an Lange vom 6. September 1745 und 19. März 1746. Hagedorn übernahm es mit gewohnter Liebenswürdigkeit, den Briefwechsel einzuleiten, wie er es auch sonst mit Vorliebe und Erfolg, so zwischen Bodmer und Kästner (Städlin S. 83), that. Von Anfang an hatten ja Schlegels Anschauungen in mancher Hinsicht denen der Schweizer nahegestanden und besonders seine letzte, 1747 verfasste Prosaschrift, die ‚Gedanken zur Aufnahme des dänischen Theaters‘, weisen mehrfach Berührungspunkte mit ihnen auf, wie v. Antoniewicz S. CLXXV f. gezeigt hat. Nicht etwa Rachsucht gegen Gottsched führte ihn dessen erbittertem Feinde in die Arme, auch nicht die kleinliche Absicht, die Schweizer von dem Irrtum zu bekehren, dass er Gottschedianer sei, vielmehr scheint Hauptbeweggrund zur Anknüpfung dieses schriftlichen Gedankenaustausches der Wunsch gewesen zu sein, in seiner Abgeschiedenheit einen geistig anregenden Verkehr mehr zu haben und von einer litterarischen Autorität, für die ihm Bodmer mit Recht galt, seine Schriften beurteilt zu sehen, die, wie er im ersten Briefe vom 15. September 1745

(Schlegels Wke. V, XXXX) sagt, „unter einem Haufen von Werken andrer Schriftsteller ans Licht getreten, oder besser gesagt, in der Dunkelheit geblieben" seien. An und für sich waren sie nicht wahlverwandte Naturen: Bodmer, immer erregt, von leicht erhitzter Einbildungskraft, heftig und kühn im Ausdruck; Schlegel eher leidenschaftslos, verstandesmässig, vorsichtig bis zur Schüchternheit im Leben wie in den Schriften. Von dem beinahe zärtlichen Ton, der in den Briefen an Hagedorn oft angeschlagen wird, findet sich daher in den sieben erhaltenen, zum Teil sehr umfangreichen Schreiben an Bodmer nichts; das Persönliche verschwindet hinter den litterarischen Interessen. Die früher noch nicht gedruckten hat Crüger im 14. Bande von Schnorrs Archiv S. 48 ff. nach den Urschriften auf der Züricher Stadtbibliothek veröffentlicht; Bodmers Antworten fehlen uns bis auf einige Stellen, die der jüngere Schlegel im Lebensabriss seines Bruders (Wke. V, XXXIX ff.) anführt. Bodmer war, wie seine Antwort auf Schlegels ersten Brief beweist, angenehm überrascht: „denn wiewohl," schreibt er, „ich Sie eben für keinen geschwornen Gottschedianer hielt, so glaubte ich doch, dass Sie mit dem Herrn Professor in einer Freundschaft stünden, die Ihnen nicht erlaubte, mir sonderlich wohlzuwollen, viel weniger sich um mein Urteil von Ihren Trauerspielen zu kümmern." Schlegels darauf in dem Briefe vom 19. April 1746 (Stäudlin, S. 30 ff.) abgegebene Erklärung spricht entschieden seine bewusste friedfertige Stellung zwischen oder über den Parteien aus: „Ungeachtet ich gar nicht läugne, dass ich des Herrn Professor Gottscheds Freund gewesen, und noch bis die Stunde nicht mit ihm zerfallen bin, ausser dass er nicht für gut findet, mir auf meinen lezten Brief zu antworten: so mache ich einen so grossen Unterschied zwischen der Freundschaft und der Übereinstimmung der Meinungen in gelehrten Sachen, dass ich Sie bitte, zu den dreien Parthien, die Sie in Ihrem Schreiben anführen, noch eine Vierte für mich und Andere meines gleichen hinzuzusezen, die keinen Abscheu vor Streitschriften haben, sondern sich Mühe geben, die nüzlichen Sachen, so darinnen gesagt werden, zu ihrem Nuzen anzuwenden; die einen Tadel, er komme woher er wolle, mit Gelassenheit annehmen, und sich daraus zu verbessern suchen, wenn er auch noch so bitter wäre, oder ihn durch die Zeit stumpf werden lassen, wenn er vielleicht blos aus kleinem Eifer herrührt; denen ein Lob allezeit übel schmeckt, das ihnen aus Parteilichkeit gegeben wird, und deren Regel ist:

,Thu' recht, und lass' der Welt die Sorg' um deinen Ruhm.'"

Er habe Mühe gehabt, nicht in den Streit gezogen zu werden, um so mehr, als ihn gerade die Schweizer wegen seines poetischen Schreibens wider Mauvillon für einen Gottschedianer erklärt hätten. Wenn manche Stellen eher wie eine Verleugnung Gottscheds klingen und nicht frei von Bitterkeit sind, so hatte doch Schlegel, wie sich aus dem Bisherigen ergiebt, in der That mehr als eine Ursache, verächtlich von Gottsched zu urteilen, und man wird unter solchen Umständen nicht davon reden dürfen, dass er etwa, eine unedle Politik befolgend, Bodmers schwache Seite benutzt hätte und hinter Gottscheds Rücken über seinen alten Lehrer hergefallen wäre, oder dass er, wie es Söderhjelm S. 25 ausdrückt, Fallstaffs Rolle spielte, indem er vier Monate vor dem ersten Briefe an Bodmer Gottsched noch um sein Urteil über seinen ,Fremden' bat. Mag man diese Höflichkeitsformel tadeln, jener Brief vom 4. Mai 1745 war im übrigen ein Absagebrief gewesen und in die darauffolgenden Monate fiel manches für Schlegels Anschauungen Entscheidende. Man wird sogar seine Ausdrucksweise in den Briefen an Bodmer durchweg massvoll nennen, man wird finden, dass er, seiner ruhigen, objektiv urteilenden Natur entsprechend, die Person vom Schriftsteller zu sondern wusste: je seltener sein Unmut über Gottscheds Charakterfehler, seine Eitelkeit, sein Prahlen mit der Schnelligkeit im Arbeiten, durchbricht (an Bodmer 31. März 1749 bei Crüger S. 58 u. 59 und an Hagedorn 2. April 1749. Hagedorns Wke. V, 298), um so berechtigter sind die scharfen Hinweise auf die Schwächen der theoretischen Schriften und der Trauerspiele Gottscheds, deren Bekämpfung ihm im Namen der

Würde des Trauerspiels und des guten Geschmackes als eine ernste Pflicht erschien.

Bodmer freilich hätte es gern gesehen, wenn dieser bedeutendste Schüler seines Feindes öffentlich den frühern Lehrer angegriffen hätte. Unmutig schreibt er zur Ostermesse 1746 an Hagedorn (dessen Wke. V, 204) über Schlegel: „Doch fürchte ich, dass er den Muth nicht haben wird, mit Gottsched öffentlich zu brechen. Mir zu Gefallen muss er es auch nicht thun, wenn ers nicht seinem eignen Ruhm zu Gefallen thun will." Schlegel verabscheute eben die grobe Art, mit der damals alles auf den ‚grossen Duns' losschlug. Ja, er hat Bodmer verblümt das Urteil über seine unedle Leidenschaftlichkeit gesprochen, als er in dem Briefe vom 6. September 1748 ihm schrieb, freilich mit Bezug auf andere Personen: „Es ist die Animosität, womit vernünftige Wesen ihre Meynung behaupten, welche macht, dass man die Hochachtung gegen sie verliert" (Litterarische Pamphlete aus der Schweiz 1781 S. 125).

Schlegel erkannte zwar gern den Fortschritt an, der im Gegensatz zur früheren Verwilderung der Bühne durch Gottscheds Bemühungen um die Reinigung des Theaters und durch die ‚Deutsche Schaubühne' erreicht war, aber er fand doch auch wieder in all diesen deutschen Trauerspielen der neuen Richtung, besonders auch in den Gottschedianischen Originalen, wie er Bodmer am 8. Oktober 1746 (Stäudlin S. 38 f.) bekennt, mit vielen Leuten von Geschmack „eine grosse Menge so unerträglicher als allgemeiner Ausdrükke". „Gleichwohl," meint er, bezeichnend für seine zurückhaltende Art, „getraue ich mich nicht, derjenige zu seyn, der diese Fehler entdeckt, weil man es für eine Rachbegierde meines ‚epigrammatischen Herrmann' ansehen könnte, und ich es zwar für erlaubt, aber nicht eben für behutsam gethan halte, über diejenige Art der Poesie Kritiken zu machen, darinnen man selbst arbeitet." Trotzdem konnte er Angriffe gegen die niedrige Sprache in den Stücken Gottscheds und seiner Freundin nicht umgehen, wenn er auch den Plan des ‚Gärtnerkönigs', einer Satire „auf alle die gezwungenen und übelangebrachten Ausruffungen der neuen deutschen Tragödie" und „das precieuse Wesen der Panthea" wieder fallen liess.

Wie die Vorrede zu den theatralischen Werken gegen den Ausdruck, so wendet sich sein letztes, nicht bei seinen Lebzeiten veröffentlichtes Werk, die ‚Gedanken zur Aufnahme des dänischen Theaters' endgiltig gegen Gottscheds Theorie des Dramas, die ihm im Laufe der Zeit immer oberflächlicher, immer verkehrter erschien. Hier besonders ist er ein Vorläufer Lessings, wenn er den Grundfehler des Kapitels vom Trauerspiele in Gottscheds ‚Dichtkunst', die ganz äusserliche Auffassung desselben bekämpft, die auf die Einheiten, die Szenenbindung, kurz, auf das äussere Regelwerk den Hauptton legte und den Bau der Intrigue für wichtiger als die Ausarbeitung von Charakteren hielt. „Die verkehrten Begriffe des Herrn G ... hiervon niederzureissen" und auf den Satz von der Nachahmung, von innen heraus, „eine ganze theatralische Dichtkunst zu bauen", wie er den 18. September 1747 an Bodmer schreibt (Schnorrs Archiv XIV, S. 51), darauf gingen Schlegels Absichten, zu deren Verwirklichung die ‚Gedanken' der erste Schritt waren, leider auch der einzige bleiben sollten. Mit Recht bezieht sich Lessing bei der Besprechung der Einheiten des Orts und der Zeit im 44. Stück der ‚Dramaturgie' auf diese Schrift Schlegels zurück: denn wie nahe stehen ihm Gedanken, wie die folgenden. „Schon oft hat man das Wesen des Schauspiels daraus gemacht (aus den äusserlichen Einheiten des Ortes und der Zeit) und geglaubt, dass man ein schönes Stück verfertigt habe, wenn man nur diese Regeln wohl in Acht genommen, ob man gleich die Schönheit der Handlung und der Charaktere gänzlich aus den Augen gesetzt hatte" (Neudruck S. 221). Die letztgenannten Schönheiten stellt er als wirklich wertvolle innerliche jenen äusserlichen Regeln der Kunstrichter entgegen, die, wo sie am Platze sind, nicht notwendig angewandt werden müssten, sondern naturgemäss „nur aus dem Vorzug des Bessern vor dem weniger Guten" flössen (S. 223). Die schablonenhafte Regelmässigkeit, die Normaltragödie Gottscheds erschien ihm ein Unding, als ihn die Vergleichung der englischen und französischen Bühne, die bei aller Verschiedenheit doch gleich mächtig wirkte, zu der Erkenntnis brachten, dass mit vollem Rechte jedes Volk den Besonderheiten seines Charakters und seines Geschmackes entsprechend, sich auch seine Bühne eigentümlich entwickelt. Schliesslich führte ihn besonders das immer feinere Verständnis der englischen Dramatiker von dem rein verstandesmässigen Vergnügen, das er als Schüler Gottscheds oder, wenn man will, Boileaus noch in seiner Nachahmungstheorie als Zweck und Wirkung der Poesie hingestellt hatte, zu freieren, höheren Anschauungen: „Eine Handlung ohne Leidenschaften ist keine Handlung" (S. 213). „Die allerfeinste Erfindung der Fabel, und die allerschönste Ausführung der Charaktere ist vergeblich, wenn dadurch nur der Verstand, und nicht zugleich das Herz eingenommen wird" (S. 213). Die Schrift ist auf jeder Seite ein Protest gegen Gottscheds Meinungen; aber sie kämpft massvoll und sachlich nur gegen Irrtümer, nirgends gegen die Person. Mit ihr enden von Schlegels Seite die Beziehungen zu Gottsched: denn die neuen Bahnen, die er in dieser Schrift eröffnet, selbst kühn zu beschreiten, wehrte ihm ein jäher Tod, der den 30 jährigen Dichter am 13. August 1749 der deutschen Bühne entriss.

Söderhjelm S. 26 ist der Meinung, Schlegels Benehmen sei tadelnswerter als das andrer Schüler Gottscheds, die entweder, wie Rost, ihre Feindschaft offen erklärten, oder wenigstens jede Verbindung abbrachen, wie Straube und der grössere Teil der Bremer Beiträger. Er habe einen ergebenen Briefwechsel mit ihm unterhalten und seinen frühern Lehrer beinahe gleichzeitig dessen bitterstem Feinde gegenüber verleugnet. Es spricht zunächst für Schlegels edlen Charakter, dass er einen öffentlichen Bruch mied und nicht zu der tobenden Hetzmeute zählen mochte, die unbarmherzig über Gottsched herfiel; die briefliche Verbindung war eine vorwiegend geschäftliche; sie hörte auf, als in Gottscheds Händen keine Manuskripte Schlegelscher Werke sich mehr fanden. Und nicht Zweizüngigkeit, sondern einfach gebührende Höflichkeit war es, dass der Schüler trotz mancher kränkenden Erfahrung auch in den letzten Briefen die Formen der Pietät gegen seinen Lehrer wahrte, selbst wenn das Herz keinen Anteil daran hatte.

Ungünstiger fällt das Urteil über Gottscheds Haltung aus. Er hat, von Neid und Eifersucht gestachelt, während der letzten Jahre Schlegels und nach dessen Tode in seinen immer noch einflussreichen Zeitschriften die Politik verfolgt, den Nebenbuhler totzuschweigen. Im ‚Neuen Büchersaal der schönen Wissenschaften‘, der 1745 an die Stelle der ‚Critischen Beyträge‘ trat, erschien endlich im 5. Stücke des 1. Bandes der Schluss von Schlegels ‚Abhandlung von der Nachahmung‘. — Im 5. Stück des 2. Bandes 1746, S. 438, zeigt er ein Trauerspiel in Versen ‚Ödipus‘ von Steffens an und bemerkt dabei, seit seinem ‚Cato‘ und seiner ‚Iphigenie‘ hätten sich Übersetzungen und Lustspiele, aber wenig deutsche Originaltragödien ans Licht gewagt. „Wenn man die gothische ‚Prinzessinn Adelgar‘, den Hamburgischen ‚Timoleon‘ und den Rostockischen ‚Alcestes‘ nennt, so hat man alle Originaltragödien genennet, die seit 20 Jahren bey uns einzeln ans Licht getreten sind." Einzeln ja; aber warum nur diese aufzählen, warum die besten Dramen in der ‚Schaubühne‘, Schlegels ‚Herrmann‘ und ‚Dido‘, übergehen? — 1747 wird im 4. Stücke des 3. Bandes S. 347 ff. eine Tragödie ‚Orestes und Pylades‘ ausführlich besprochen, deren Verfasser ein gewisser Derschau aus Schlesien war. Während bei dieser Gelegenheit ein französisches Stück gleichen Stoffes von Lagrange Erwähnung findet, wird des bereits im Jahre 1739 von der Neuberin in Leipzig aufgeführten und, wie Schlegels Briefe an Gottsched vom 3. August 1743 und 4. Mai 1745 ergeben, Gottsched wohlbekannten ‚Orest und Pylades‘ Schlegels mit keiner Silbe gedacht. — Im Jahre 1748 werden im 6. Bande S. 186 unter den theatralischen Neuigkeiten Schlegels ‚Theatralische Werke‘ von 1747, seine ‚Stumme Schönheit‘ und ‚Die lange Weile‘, welche 1748 im Sonderdruck erschienen, nur mit dem Titel angezeigt. Und das erste dieser Werke enthielt zwei noch ungedruckte Originaltragödien, Schlegels beste Dramen, ‚Canut‘

und ‚Die Trojanerinnen'! — Im 1. Bande vom ‚Neuesten aus der anmuthigen Gelehrsamkeit', einer Zeitung, die 1751 wieder den ‚Büchersaal' ablöste, entblödet sich Gottsched nicht, S. 439—44 die beiden ersten Szenen von Schlegels ‚Herrmann' recht schief zu parodieren, indem er Friedrich August den Ersten wortgetreu die Rolle Siegmars, einen Graf S . . . . diejenige Herrmanns und die des Römerfreundes Flavius den Grafen Moritz von Sachsen, natürlich als Franzosenfreund, sprechen liess. Er hielt damit eigensinnig an der unglücklichen Idee fest, dass ‚Herrmann' sich ebensogut als Angriff gegen Frankreich wie gegen Rom deuten lasse, eine kleinlich tendenziöse Auffassung, die Schlegel seinerzeit schon verstimmt hatte. Das Lieblingswerk seines verstorbenen Schülers zu einer Parodie zu missbrauchen, war eine Ungezogenheit. — 1754 gab er den ‚Auszug aus Batteux' schönen Künsten, aus dem einzigen Grundsatze der Nachahmung hergeleitet' heraus, ohne die bedeutendere Abhandlung Schlegels über denselben Gegenstand, die Gottsched selbst in seinen Zeitschriften veröffentlicht hatte, nur mit einem Worte zu streifen.

Dieses engherzige Verfahren fiel schliesslich auf, und im zweiten seiner ‚Briefe über den itzigen Zustand der schönen Wissenschaften in Deutschland, 1755', warf ihm Nicolai mit scharfen Worten diese neidischen Unterlassungssünden vor. Das frischgeschriebene Buch, welches Gottsched manchen empfindlichen Stoss versetzte, war Lobes voll von Schlegels Dramen nach der Seite des Inhalts wie der Sprache: abgesehen von Lessings ‚Miss Sarah Sampson' lasse sich nichts von dem bisher Geleisteten mit seinen Stücken vergleichen, ein Lob, das die spätere vortreffliche ‚Abhandlung vom Trauerspiele' desselben Verfassers im 1. Bande der ‚Bibliothek der schönen Wissenschaften' S. 57 ff. bestätigte und erweiterte. Damit wurde über Gottsched weg Schlegel für den Neubegründer einer deutschen Bühne veredelten Geschmackes erklärt. Das konnte Gottsched nicht so hinnehmen, er, der sich bei aller Bescheidenheit im Ausdruck doch mit Stolz zu rühmen pflegte, durch seinen ‚Cato' eine neue Ära heraufgeführt zu haben. Er benutzte 1757 die 10. Auflage dieses Trauerspiels, um in einem Anhang, den er zwar nicht unterzeichnete, aber doch veranlasste, eine ‚Nachricht von den Schicksalen des sterbenden Cato' zu geben und am Schlusse sich über sein Verhältnis zu Schlegel mit schlechtverhehltem Grimme auszusprechen (nach Danzel S. 144): „Von meinen vorhergehenden Nachrichten von demselben (dem Cato) hoffe ich wenigstens so viel, dass sich nun niemand so leicht werde bereden lassen zu glauben: dass Herr Professor Schlegel in Soroe, wie es einem seiner Lobredner zu sprechen beliebet hat, das deutsche Trauerspiel zuerst geschaffen habe: ein Gedanke, der ebenso falsch ausgedrückt worden, als unwahr er an sich selbst ist." Übrigens habe Schlegel Gottscheden mehr als einmal gestanden, „dass er nimmermehr auf den Einfall, ein Trauerspiel zu machen, würde gekommen sein, wenn ihm nicht die kritische Dichtkunst und der sterbende Cato, jene die Regeln, und dieser das Muster dazu gegeben hätten." Diesen Kunstgriff, Schlegels Verdienste auf seinen eignen segensreichen Einfluss zurückzuführen, hat er noch einmal, nachdem ihm wieder von Lessing im 16. Litteraturbriefe 1759 die böswillige Verschweigung der Werke Schlegels im ‚Nöthigen Vorrathe zur Geschichte der deutschen dramatischen Dichtkunst' vorgeworfen war, bei einer Anzeige des 1. Bandes der Werke Schlegels im 12. Bande vom ‚Neuesten aus der anmuthigen Gelehrsamkeit' 1761, S. 901 ff. angewendet, indem er nachzuweisen sucht, dass dieser bei seiner dichterischen Thätigkeit ganz unter seinem Einflusse gestanden habe: „Wir sehen es mit Vergnügen," heisst es da, „dass man uns eine vollständige Sammlung der Schriften eines unsrer besten Dichter ans Licht stellet; und zwar um desto mehr, da er sich in dem Schosse unsrer hohen Schule gebildet, und allmählich zu der Stärke gelanget ist, die ihm hernach in Dännemark Gönner und Beförderer erworben. Wir haben ihn, sobald er aus der Schulpforte auf die Universität kam, in unseren poetischen und oratorischen Vorlesungen und Übungsstunden fleissig und eifrig gesehen. Wir haben ihn fast alle seine ersten Proben des Witzes und der Kritik entweder in den Gesellschaften, davon er ein Mitglied war, oder besonders im Vertrauen vorlesen hören. Selbst etliche von seinen Trauer- und Lustspielen, die in die ‚Deutsche Schaubühne' gerückt werden sollten, hat er zuerst abgelesen, um einige Erinnerungen darüber zu hören, denen er allemal die willigste Folge leistete." Die Dramen des 1. Bandes werden dann einfach aufgezählt, eine Besprechung wird weislich vermieden. Es heisst von ihnen nur ganz allgemein: „Wir ersehen daraus mit Vergnügen, dass der Wohlsel. den Grundlehren der poetischen Anführung, die er genossen, in allen Stücken, sowohl was die Gedanken, als was die Schreibart und Reinigkeit der Verse anbelangt, allezeit getreu geblieben ist. Er wird also unfehlbar bei der Nachwelt als ein grosses Muster in allen diesen Stücken, und als ein klassischer Schriftsteller des güldenen Alters unsrer Sprache und Poesie in Ansehen bleiben. Hier sind keine Schwulst, keine brittischen und brittenzenden Sprachschnitzer, kein wilder miltonscher Geist, Phöbus und Galimatias der itzo so überhand nimmt! Kurz: Ille se profecisse sciat, cui Schlegelius valde placebit." Danzel nahm an, dass Gottsched dieses lobende Urteil aus voller Überzeugung gefällt und aufrichtig gemeint habe, und dass es nur deshalb so schief ausgefallen sei, weil er den inneren Unterschied zwischen sich und seinem Schüler eben nie begriffen habe. Nach dem vorher Angeführten scheint es aber, als habe Gottsched der mehrfach über sein unedles Verhalten gegen Schlegel ausgesprochene Tadel zu dieser süsssauren Anerkennung genötigt, mit der er schliesslich doch dem Publikum über Schlegels wahre Bedeutung Sand in die Augen zu streuen suchte.

II.

Die Trauerspiele.

‚Orest und Pylades‘. — Das Trauerspiel ‚Orest und Pylades‘ eröffnet die Reihe der dramatischen Arbeiten im ersten Teile von Schlegels Werken. Es ist hier zum ersten und einzigen Male gedruckt. Über die Entstehung desselben sagt der Bruder im Vorbericht: „Dieses Stück ist einer der ersten Versuche des Verfassers. Es ist schon 1737, da er kaum sein 18. Jahr zurückgelegt hatte[1]), verfertigt, und in den Fastnachtsferien des folgenden Jahres in der Fürstenschule Pforta, wo er studierte, mit Hilfe einiger seiner Schulfreunde aufgeführt worden. Der junge Dichter hatte damals noch keine andre Handleitung, als das Kapitel von der Tragödie in des Herrn Prof. Gottscheds Dichtkunst; aber seine Muster waren Sophokles und Euripides, die er frühzeitig las und verstand. Er beschloss, des letztern ‚Iphigenia bey den Tauriern‘ für das heutige Theater auszuarbeiten, und er nannte seine Arbeit, worin die Rollen des Pylades und Orest wenigstens ebenso wichtig sind, als der Iphigenia ihre, anfänglich ‚Die Geschwister in Taurien‘“. Das Stück wurde Anfang 1739 auf das Leipziger Theater von der Neuberin gebracht und hat sich, wie Söderhjelm S. 100, Anm. 2 angiebt, bis 1762 auf dem Repertoire der deutschen Bühnen erhalten.

Erweist sich das Stück auch als eine Schülerarbeit, so ist doch der Versuch beachtenswert, ein griechisches Vorbild den Forderungen der neuern Zeit anzupassen, und von Bedeutung

---

[1]) Schlegel selbst genauer an Hagedorn 4. Sept. 43 (Hagedorn Wke. V, 286): „Den ‚Orest und Pylades‘ habe ich in meinem 18. Jahre verfertiget.“

immerhin als Anfangsglied in der Entwicklungsreihe der ästhetischen Anschauungen Schlegels. Eine skizzierende Gegenüberstellung des Ganges der Handlung in dem griechischen Original und in der deutschen Nachbildung wird am besten zeigen, welche Gründe den jungen Dichter im Einzelnen zur Abweichung vom Urbilde bestimmten.

Der Prologos (V. 1—122) bei Euripides giebt eine meisterhafte Exposition: in der ersten Szene (V. 1—66) beklagt Iphigenia den Tod des Orest, der ihr durch einen seltsamen Traum zur Gewissheit geworden ist. Kaum ist sie, die Totenspende zu rüsten, wieder im Tempel verschwunden, als Orest und Pylades auftreten, um Mittel und Wege zum Raube des Götterbildes zu erspähen. Während Pylades die Umgebung des Tempels prüft, belehrt uns Orest in einem Ausbruch herber Vorwürfe gegen Apollo über Grund und Zweck ihres Hierseins, bis der lebensfrische Gefährte den Kleinmütigen aus trüben Zweifeln zu kräftigem Wagen aufruft und mit ihm wieder zum Strande eilt. In der Parodos (V. 123—235) stimmt darauf Iphigenia mit dem Chor die Klage um den Bruder an, dem sie die Totenspende darbringt.

Diese Szenen kehren in Schlegels erstem Aufzug wieder, nur dass Iphigenia, in Ermanglung des Chors, und weil der Monolog nach Gottsched[1]) etwas Unnatürliches ist, von einer Vertrauten, Eutrophe, begleitet wird, an die sie ihre Klagen richten kann; nur dass nicht ein Wunder der Göttin sie in Aulis entführt, nicht ein Traum ihr den Tod Orests verkündet hat: der aufgeklärte Zeitgeschmack, dem alles Übernatürliche ein Greuel ist, verlangte, dass Achills Schwert sie gerettet haben, dass ein Thraker Nachrichten vom Atridenhause aus Griechenland mitgebracht haben muss. Zu tiefer greifenden Abweichungen und Erweiterungen der Euripideischen Handlung nötigte eine vermeintliche Grundregel

---

[1]) Crit. Dichtk. II, Hauptstück 11. Hedelin a. a. O. l. III, ch. VIII sagt von den Monologen: „certes il n'est pas toûjours bien facile de le faire avec vraisemblance." Gottsched selbst hat allerdings im letzten Akt seines ‚Cato' den langen Monolog aus dem englischen Vorbilde beibehalten.

der neuern Bühne. Bei Euripides betreten Iphigenia und die beiden Freunde nacheinander die Szene, ohne sich zu bemerken; ja, erst im zweiten Epeisodion, nachdem ein Drittel des Stücks vorüber ist, treffen die Geschwister zum erstenmale zusammen. Wir sehen heute darin eine poetische Schönheit. Mit welcher Spannung erwarten wir den Augenblick, in dem diese beiden Strömungen der Handlung sich kreuzen werden! Wie bewundernswert erscheint uns die Einfachheit der Entwicklung, die nur durch das lange Auseinanderhalten der Geschwister möglich wird! Aber, abgesehen davon, dass Iphigenia im Tempel die Stimme des klagenden Orest hören musste, die unvermittelte Ablösung der Personen auf der Bühne schlug dem Gesetze der Szenenbindung ins Gesicht, das Aubignac in seiner ‚Pratique du Théâtre' und Gottsched in dem Hauptstück von der Tragödie in der ‚Critischen Dichtkunst' vorgeschrieben hatte: „Die Auftritte der Szenen in einer Handlung müssen allezeit miteinander verbunden seyn. Es muss aus der vorigen Szene immer eine Person dableiben, wenn eine neue kömmt." So bleibt bei Iphigeniens Abgang von der Bühne Eutrophe zurück, der sich Orest und Pylades in troischer Gewandung als irrende Wandrer nahen, die von dem Priester des Tempels göttlichen Rat begehren. Nachdem dann im Gegensatze zu der bühnengewandten Exposition des Euripides Orest den langjährigen Gefährten Pylades noch einmal über den Zweck ihrer Fahrt aufgeklärt hat und dieser ihm, wie im griechischen Vorbilde, die trüben Sorgen verscheucht hat, tritt Iphigenia heraus, von Eutrophe gerufen, und fragt die Fremdlinge nach Herkunft und Begehr. Orest, dem der blutige Landesbrauch, jeden Griechen zu opfern, bekannt ist, giebt sich für den Trojaner Alcest aus, der nach langer Irrfahrt — ihrer Ausmalung liegen die Geschicke des Äneas zu Grunde — hierher verschlagen sei und für die Weiterfahrt den Rat der Göttin erbitte. — Diese Erfindung des Orest scheint Eigentum Schlegels zu sein; Goethe hat dasselbe Motiv benutzt, aber mit feinem Gefühl für den Unterschied der Charaktere, den schon Euripides ausgeprägt hatte, lässt er den Odysseusverehrer Pylades das Lügengespinst weben, das dann der ehrliche Orest wieder zerreisst. Dieser Steigerung der Verwicklung, die mit ihren Folgen des Euripides einfache Handlung aus den Fugen treibt, bedurfte Schlegel, da der Zwang der Szenenbindung die Geschwister bei ihm von Anfang an zusammenführte. Nur so liess es sich vermeiden, dass bereits im ersten Aufzuge die Erkennung stattfand und die übrigen Akte — mit Lessing zu reden — in die Pilze gingen. Der Aufzug schliesst, wie bei Euripides, mit der Totenspende und dem Gebet an den Bruder. Freilich liegt in der Darbringung des seltsamen Totenopfers, eines Aschenkruges mit einer Bleitafel, die den Namen des Orest trägt, wieder der Keim zu neuen Verwicklungen versteckt. „Was geschieht nicht alles! Was hat man nicht alles zu behalten!"

Den grössten Teil des ersten Epeisodion (V. 236—391) bei Euripides bildet die Erzählung des Hirten von der Gefangennehmung zweier Griechen, deren einer in einem heftigen Anfall von Wahnsinn sich auf ihre Herden gestürzt habe. Diese lebendige Schilderung rückt das Bild des Orest in den Vordergrund unseres Interesses und erregt ein Gemisch von Mitleid, Schaudern und Bewunderung. Die gesteigerte Spannung, mit der wir daher der ersten Begegnung der Geschwister entgegensehen, wird zur Beklemmung, wenn Iphigenia, deren Herz ganz von dem Gedanken an den Tod des Bruders erfüllt ist, lebensmüde und hoffnungslos in erschütternder tragischer Ironie zum erstenmale gleichgiltig ihrer blutigen Pflicht entgegensieht und selbst ruhig über diese Unempfindlichkeit reflektiert:

οἱ δυστυχεῖς γὰρ τοῖσι δυστυχεστέροις
αὐτοὶ κακῶς πράξαντες οὐ φρονοῦσιν εὖ.

Die lange Hirtenrede erschien Schlegel verwerflich als Hereinziehung der erzählenden Dichtform in die dramatische. Er wagt es deshalb, den Anfall des Orest auf die Bühne zu bringen. Zum Anlass dient jener Aschenkrug der Iphigenia, den die Freunde zufällig finden. Die Worte der Bleitafel:

Orestes, Argos Fürst, soll diess zum Denkmaal haben;
O möchte Griechenland ihn prächtiger begraben,

der Gedanke, dass man ihn schon für tot hält, den noch das Leben grausam quält, erregt einen so mächtigen Sturm schmerzlicher Gefühle in ihm, dass die Krankheit von neuem ausbricht. Das Zartgefühl gebot freilich dem Dichter, das Abstossende des Wahnsinns möglichst zu mindern. Aber indem er das Grässliche zu vermeiden strebte, wurde er matt, um so mehr, als uns die farblosen, kläglichen Ausrufe ermüden, mit denen der ratlose Pylades die Fieberphantasien des Freundes begleitet. Iphigenia, die jetzt zum zweitenmale — wieder im Gegensatz zu Euripides — sich zu den Freunden gesellt, bemerkt erschreckt den Leidenden, der sich aber noch rechtzeitig erholt, um nicht, wie Pylades fürchtet, seine Herkunft zu verraten. Diese dürftige Szene hat nur den Zweck, der Iphigenia später die Erkennung des Bruders zu erleichtern, an den sie der Anblick des Rasenden erinnert; denn bei Schlegel kennt sie von Beginn des Stückes an genau die Leiden ihres Hauses vom Tode des Vaters bis zum Wahnsinn des Bruders, während bei Euripides und Goethe ihr erst Schlag auf Schlag von den Freunden die Geschicke der Angehörigen enthüllt werden. Die richtige Einsicht, dass die Erkennung bei Euripides äusserlich, gewaltsam herbeigeführt werde, dass sie aber innerlich wahrscheinlich zu machen und durch das Gefühl, nicht durch nüchternes Examinieren zu entscheiden sei, bewog Schlegel, von Anfang an Iphigenien unmerklich der Erkennung entgegenzuführen: sie sieht ihn rasen, ihn kämpfen wie Orest, er erweist sich schliesslich als Grieche. Was Wunder, dass der Gedanke, es sei der Bruder selbst, schon in ihr aufgeblitzt ist, noch ehe Pylades das erlösende Wort spricht. Freilich, um einen Fehler des Euripides zu umgehen, verfiel er selbst in einen grössern — er opferte der nüchternen Wahrscheinlichkeit die wirkungsvollsten poetischen Schönheiten, er wollte natürlicher schreiben und wurde langweilig, er verwickelte die Intrigue und verminderte die Spannung.

Während ein Hauptmann die Szene zwischen Iphigenia und den Freunden stört und diese nach tapfrer Gegenwehr hinter der Szene gefangen nimmt, drängt sich schon hier Iphigeniens von

Mitleid und Bewunderung erfüllter Seele der Vergleich mit Orest auf. Die Bleitafel, die der Hauptmann bei den Gefangenen gefunden hat, scheint die vermeintlichen Trojaner als Griechen zu entlarven und weiht sie dem Opfertode, aber den Orest trifft noch besonders der Zorn des Thoas, weil er im Wahnsinn, nicht wie bei Euripides Rinder, sondern einen jungen Schäfer verwundet hat. Eutrophe belauscht diese Vorgänge, um sie der Herrin zu berichten.

Liess uns im ersten Epeisodion des Euripides die Gleichgiltigkeit Iphigeniens für das Ende Schlimmes fürchten, so hält im zweiten wieder Orests schroff abweisendes, verdüstertes Wesen die Lösung auf. Mit liebevoller Geduld entlockt ihm mühsam Iphigenia Nachrichten aus der Heimat und verspricht ihm Rettung, wenn er den Ihrigen einen Brief bringen will. Als Orest sie dafür an den schuldlos unglücklichen Freund weist, drängt ihr dieser Edelmut zum erstenmale den Vergleich mit dem Bruder auf. — Im dritten Epeisodion (V. 658—1088) lässt sich Pylades, der zunächst aus Freundesliebe und aus Furcht vor schmählicher Nachrede die Rettung ablehnt, von Orest durch die Erinnerung an seine Familienpflichten als Gemahl der Elektra umstimmen. Als dann Iphigenia mit dem Briefe heraustritt und dessen Inhalt mitteilt, wird sie von den Freunden erkannt; sie selbst überwindet ihr anfängliches Misstrauen erst nach einem strengen Examen, das sie mit Orest anstellt, einer langen Stichomythie, deren schlagfertige Wechselreden ebenso sehr nach dem Geschmacke der Athener waren, als sie uns abstossen, die wir gewöhnt sind, bei so zarten Enthüllungen nur das Gefühl reden zu hören. Nach gründlicher Erwägung verschiedener Rettungsmittel siegt Iphigeniens Vorschlag, eine sühnende Waschung des Götterbildes und der Opfer im Meere zur Flucht zu benutzen, eine Zeremonie, für die sie sofort im vierten Epeisodion (V. 1153 bis 1233) den frommen, arglosen Thoas gewinnt.

Demselben Ziele näherte sich Schlegel auf Umwegen. Muss er doch erst die kleinen Knoten, die er sich selbst geschürzt, wieder lösen. Iphigenia, bestürzt darüber, dass sie durch jene

Bleitafel die beiden Trojaner dem falschen Verdacht, als seien sie
Griechen, ausgesetzt hat, legt im dritten Aufzuge bei dem Könige
Fürbitte für sie ein, ja, sie bekennt sich im Eifer selbst als
Thäterin, als Griechin, eine wirkungsvolle Szene, die freilich
ihren Charakter in kein gutes Licht stellt: wie feig von ihr, erst
jetzt ihre Herkunft zu verraten! Thoas giebt endlich auf ihr
Dringen wenigstens den Pylades frei, während Orest wegen der
Verwundung des Schäfers dem Tode verfallen bleibt. Diese
Trennung des Geschickes beider Freunde ist ein feiner Zug, der
Schlegeln Gelegenheit bietet, die Freundesliebe des Pylades in
helles Licht zu rücken. Er verschmäht nicht nur die Begna-
digung, die ihm Iphigenia verkündigt, er gesteht, um nur das
Los Orests zu teilen, lieber zu, dass sie wirklich Griechen sind,
und leitet damit endlich die Erkennungsszene ein. Aber nach
Schlegels richtigem Urteil musste hier das Gefühl entscheiden,
nicht äusserliches, nüchternes Ausfragen. Es bedurfte ja nur
noch einer Bestätigung dessen, worauf er im bisherigen Verlaufe
des Stückes Iphigeniens Gedanken bereits Stufe für Stufe geführt
hatte. Mit glücklichem Griffe zerlegte er die Erkennung in zwei
Vorgänge: den vierten Aufzug eröffnen Iphigenia und Pylades
allein. An dem Namen des Orest, den sie beim Übergeben des
Briefes ausspricht, erkennt er sie, er verrät ihr die Anwesenheit
des Bruders und weist die noch ungläubig Staunende auf die
Züge hin, die seinem Mitgefangnen mit dem Orest gemeinsam
sind, dessen Bild sie im Herzen trägt (IV, 1):

> Prinzessinn! Seine Wuth, sein Muth in seinen Plagen,
> Und was du an ihm sahst, kann dir es deutlich sagen.
> Ja, wo dich alles diess noch nicht genug bestärkt,
> Denk an sein eignes Wort! Ach hast du nicht gemerkt,
> Mit wie viel Seufzern er dir den Bescheid gegeben:
> Orestes lebet noch und wird nicht lange leben?
>
> — — — — — — — — — — — — — — —
>
> Da du dir selbst nicht traust, lass den Gefangnen kommen!
> Sieh, wenn er diesen Brief in seine Hand genommen,
> Ob, ohne dass mein Mund ihn was vernehmen lässt,
> Dir nicht sein Auge sagt, er selber sey Orest.

Die entzückte Verwirrung des herbeigerufenen Orest beim Erblicken seines Namens in jenem Briefe schlägt Iphigeniens letzten schwachen Zweifel nieder. Beratung, Fluchtplan, Gewinnung des Thoas entsprechen, stark gekürzt freilich, den Szenen des Euripides.

Auch der Schluss des Stücks war in der ersten Bearbeitung, die seinerzeit unter dem Titel ‚Die Geschwister in Taurien' zur Aufführung durch die Neuberin gelangt war, 1742 aber, als Schlegel eine Herausgabe seiner Schriften plante, mehrfach im Bau verändert, besonders aber im Ausdruck umgegossen wurde, wie ein vom Bruder abgedruckter Teil der ersten Szene in der frühern Form beweist, — auch der Schluss war ursprünglich völlig dem Euripides nachgebildet: der Fluchtplan gelang, die drei Glücklichen traten gar nicht wieder auf, nur übernahm die Rolle des von Gottsched verfehmten deus ex machina ein zu guter Stunde in den heiligen Büchern entdeckter Orakelspruch, der den Thoas bestimmt, die Flüchtigen mit dem Bilde der Göttin ziehen zu lassen. — Später fühlte er wohl, wie unwahr diese Handlungsweise des Thoas ist, wie sehr es unser Gefühl verletzt, die Bildräuber gerettet, den gläubigen Thoas betrogen zu sehen. Thoas' Charakter musste psychologisch wahrscheinlicher, folgerichtiger sein: der Verlust des Bildes und die Flucht der Gefangnen müssten ihn als gerechte Strafe treffen, wenn man ihn als blutdürstigen Bösewicht, als Gotteslästerer darstellte. Schlegel lässt also bei der Neubearbeitung des letzten Aufzugs zunächst zwei herbeieilende Priester in hastigen Wechselreden, in die er absichtlich den reinepischen und in so bedrängtem Augenblick allerdings befremdlich langen Botenbericht (V. 1327 bis 1419) bei Euripides auflöst, dem Oberpriester und Thronfolger Hierarchus, einer Person eigner Erfindung, die einigermassen die Athene ersetzen soll, erzählen, dass Thoas am Strande im Kampf mit den Griechen tödlich verwundet sei. Bald darauf werden die Gefangenen zurückgebracht; der sterbende Thoas, der durch seine Lästerungen gegen die Göttin, die ihren Verteidiger nicht besser geschützt habe, den Abscheu der Umstehenden erregt und den Widerwillen des Publikums erregen soll, verlangt noch rachedürstend die Opferung des Orest, und als jeder der beiden Gefangnen in edelmütigem Wettstreite Orest sein will, Iphigenia aber jede Auskunft weigert, die Opferung aller drei Gefangnen. Hierarchus aber, der schon vorher über das Barbarische des blutigen Cultes reuige Betrachtungen angestellt hat, erkennt, dass sich jetzt der alte Götterspruch erfülle (V, 5):

> Ein rasend Opfer raubt die Göttinn vom Altar.
> Ich seh des Meeres Fluth, und werd ein Land gewahr,
> Wo man mich besser ehrt. Dahin will ich mich lenken.
> Dann soll mich nicht mehr Blut von Menschenopfern tränken,

und begrüsst an der Leiche des Thoas die drei Geretteten als göttlicher Ehre würdige Gründer eines reineren Gottesdienstes.

Äusserlich und gewaltsam ist auch hier die Lösung geblieben. Hierarchus tritt ebenso unmotiviert auf wie Athene; der seltsame Spruch entspringt sichtlich mehr der Verlegenheit des jungen Dichters als der Entwicklung des Stücks, und der Makel des Betrugs wird nicht von den Geschwistern genommen. Aber auch die Umschaffung des Thoas zu einem Charakter, der sein Geschick durch sein Handeln verdient, ist mehr erstrebt als erreicht. Um seine Schuld und Strafe ins Gleichgewicht zu bringen, hätte er das ganze Stück umarbeiten müssen; die Ausübung des blutigen Opferbrauches genügt als Vorwurf nicht. Denn wenn der König dieser Sitte nicht aus roher Willkür, sondern wie seine letzten Worte (V, 4) beweisen, aus tiefer religiöser Überzeugung huldigte, wer will den Gequälten tadeln, wenn er sich, von der Gottheit, der er „stets den besten Raub geschlachtet", verlassen, in der rauhen Art jähzorniger Barbaren hadernd gegen sie wendet? Auch bei den andern Personen vermisst man noch scharf heraustretende Charakterzüge: Iphigenia ist farblos gezeichnet, ihr Verhalten zum Teil unedel; bei den Freunden verwischt eine eintönige Rührseligkeit oft den Gegensatz zwischen dem düster brütenden Orest und dem klug berechnenden, lebensmutigen Pylades, ein Gegensatz, den schon Euripides vorbildete und den Goethe noch schärfer ausprägte. Dieser Mangel an einer Durch-

bildung der Charaktere findet aber bei dem tastenden Anfänger
darin seine Entschuldigung, dass ihn einerseits die Regeln der
für ihn massgebenden Bühnentheoretiker, das Gesetz der Szenenbindung, das Verbot ausgedehnter Monologe und epischer Partien,
das rationalistische Streben nach platter Natürlichkeit, andrerseits aber auch hier und da ein eigenes richtiges Gefühl zwangen,
die Bahnen des Euripides zu verlassen und dass er sich nun in
ein verwirrendes Durcheinander von Verwicklungen verlor, die
alle seine Kraft in Anspruch nahmen. Wenn er also auch fern
davon gewesen ist, bei der Bearbeitung des griechischen Vor-
bildes sich, wie Goethe, die Aufgabe der Vereinfachung, Ver-
innerlichung und Veredlung der Handlung zu stellen, wenn bei
ihm im Gegenteil unter dem Einflusse des kleinlichen Regel-
zwangs der ‚Critischen Dichtkunst‘ die einfachere, einheitliche
Handlung des Euripides zu einem Intriguenstück wurde, so ist
doch das feine Gefühl und das selbständige Nachdenken an-
zuerkennen, mit dem er im einzelnen manche Schwäche des
Euripides zu vermeiden gesucht hat, ein Fühlen und Denken
beim Schaffen, dass wir bei Gottscheds aus Addison und Deschamps
contaminiertem ‚sterbenden Cato‘ vermissen. Auch hier eine über-
raschende Erkennung: Cato findet in der Partherkönigin Arsene
seine verloren geglaubte Tochter Portia wieder. Aber wie plump,
wenn unmittelbar nach der ersten Szene, in der die beiden sich
begegnen (I, 2), Gottsched den Cato ausrufen lässt:

    Allein was seh ich doch aus ihren Augen blitzen?
    Sie gleicht der Portia! Mein Kind lebt fast in ihr,

und wenn dann, noch ehe diese kühne Ahnung weiter reifen
kann, schon im nächsten Auftritt ihm ein gefälliger Parther die
Gewissheit schwarz auf weiss bringt!

‚Dido‘. — Auch das Trauerspiel ‚Dido‘ ist schon auf der
Fürstenschule von Schlegel verfasst worden. Der Bruder sagt
im Vorbericht zu dem Stücke von der Entstehung: „Der Dichter
ward durch den unregelmässigen Versuch einer Tragödie über

eben diesen Gegenstand hierzu veranlasst, welchen ihm einer seiner Mitschüler zur Kritik übergeben hatte. Er durchdachte zu diesem Ende die ganze Fabel, wie sie von Virgil erfunden worden, und untersuchte, in wie fern sie fähig sey, den Stoff zu einem Trauerspiele abzugeben, und wie sie zu diesem Ende bearbeitet werden müsse. Unvermerkt führte ihn diese Bemühung weiter, und er entschloss sich, selbst ein Trauerspiel zu verfertigen." Ein zufälliger Anstoss also, das misslungene Werk eines Mitschülers, nicht der natürliche Gang der Entwicklung, liess ihn seinem bisherigen Führer und Vorbilde, dem griechischen Drama, den Rücken kehren und den schwierigen Versuch wagen, einen epischen Stoff dramatisch zu gestalten. Nichts deutet darauf hin, dass er frühere dramatische Bearbeitungen der Didosage, wie die englischen des 17. Jahrhunderts oder die 1734 erschienene Tragödie von Le Franc de Pompignan, gekannt hat. Er musste selbst zusehen, wie er Virgils Erzählung (IV, 259—692) in ein „regelmässiges", wirkungsvolles Bühnenstück umschaffen könnte.

Bei Virgil ruft Merkur dem glückschwelgenden Äneas den Götterspruch, der ihm einst Bahn und Ziele vorgezeichnet hat, ins Gedächtnis zurück. So schwer diesem der Abschied fällt, er ist sofort entschlossen, sich zu fügen. Das emsige Treiben bei den Troerschiffen weckt Didos Argwohn. Auf ihr leidenschaftliches Drängen gesteht Äneas, dass die Pflicht des Gehorsams ihn zur Weiterfahrt zwinge. Dido, in jähem Wechsel bald von fassungslosem Schmerze und wildem Zorn, bald von Reue über den Treubruch erfasst, dessen sie sich gegen ihren ersten Gatten Sichäus schuldig glaubt, sendet die Schwester Anna, um noch einmal zu versuchen, Äneas umzustimmen. Vergeblich! Da fasst sie heimlich den Entschluss, sich zu töten, um ihm als Rachegeist folgen zu können. Beim Anblick der davonsegelnden Schiffe des Äneas, den ein Traumbild bestimmt hatte, schon in der Nacht ohne Abschied die Anker zu lichten, durchbohrt sie sich mit dem Schwerte des Troers auf dem Scheiterhaufen, der, wie die arglose Schwester glaubte, nur die Andenken an den Verhassten vernichten sollte.

Schlegel fühlte, dass vor allem der Virgilische Äneas für ein Drama nicht verwendbar sei. Dem epischen Dichter, der diese Erzählung nur als Abschweifung von seinem Wege betrachtet, der uns dabei immer ein fernes, höheres Ziel zeigt, das seinem Helden gesetzt ist, ihm sehen wir es nach, dass sein Äneas den Vorwurf schnödesten Undanks, feiger, heimlicher Flucht auf sich lädt, um so mehr, da er ihn als einen Unfreien darstellt, der ohne Zweifeln und Zaudern dem göttlichen Befehle gehorcht und menschliche Regungen niederkämpft. Dieser starre, blind gehorchende ‚Pius Aeneas' war in einem Drama unbrauchbar, das, aus sich selbst erwachsen, ein Ganzes bilden sollte. Wenn er als Held interessieren soll, muss er empfinden, reflektieren, zweifeln, muss unter dem Konflikt zwischen den Pflichten des Gehorsams und der Gattentreue schwer leiden, ja, noch mehr, es galt, auch durch Hervorheben seiner edleren Mannestugenden, der Hochherzigkeit und der furchtlosen Tapferkeit, gegen den üblen Eindruck, den sein Treubruch hervorruft, ein Gegengewicht zu finden. Andrerseits sah Schlegel auch ein, dass die einfache Handlung Virgils dramatisiert eine Kette leidenschaftlicher Monologe und Zwiegespräche, aber keine äusserlich fortschreitende Handlung abgeben werde. Es galt, sie zu beleben und zu verwickeln. Zu diesem Zwecke hat er sowohl Andeutungen Virgils weiter ausgesponnen und in den Vordergrund gerückt, indem er z. B. die in dem Epos nur gestreifte Gestalt des eifersüchtigen Libyerfürsten Hiarbas in die Handlung hereinzog, aber auch selbst Motive ersonnen, so den Racheplan der Dido, die Schiffe der Troer anzuzünden und Äneas im Schlosse gefangen zu nehmen, die Erscheinung des Sichäus, den Didos fieberhafte Erregung in der Ecke des Zimmers zu sehen glaubt.

Das Stück verläuft etwa so: Äneas teilt im ersten Auftritt seinem Vertrauten Achat die Absicht mit, dem „unverrückten Schluss der Götter" zu folgen und Karthago zu verlassen. Was ihm plötzlich den Spruch ins Gedächtnis gerufen hat, giebt der Dichter nicht an; da die Merkurerscheinung seinem poetischen Gefühle widerstrebte, unterliess er eine Motivierung. In den schwermütigen, an Gemeinplätzen reichen Reflexionen, die in Äneas der Widerstreit zwischen Dankespflicht und Gattentreue hier, dem Ruf der Götter und der winkenden Ehre dort erweckt, stört ihn ein Abgesandter der Königin, die ihn zur Jagd auffordern lässt. Äneas sagt zu, eilt aber selbst zum Strande, um den Befehl zum Bereithalten der Schiffe zu geben. Achat, der die Verbindung der Szenen herzustellen hat, hört im vorletzten Auftritt des Aufzugs die leidenschaftlichen Ausbrüche des Argwohns der Dido an und muss sich sogar von ihr als Veranlasser des Treubruchs verdächtigen lassen. Zuletzt erfährt man noch, dass Hiarbas mit einem Libyerheer naht und Didos Hand mit Güte oder Gewalt gewinnen will. — Im zweiten Aufzug schüttet Dido vor Anna, wie vorher Äneas vor Achat, ihr Herz aus: Verzweiflung, Rachepläne, Selbstanklagen jagen sich, aber noch hegt sie Hoffnung. Um am Ende das Gerechtigkeitsgefühl nicht zu herb zu verletzen, lässt der Dichter stärker als Virgil die Heldin die Schuld ihres Meineids gegen den ersten Gatten betonen und in ihrem jetzigen Leid eine gerechte Strafe dafür empfinden. Da ihr die Untreue des Geliebten noch nicht feststeht, begegnet sie ihm zuerst zärtlich und bittend: er solle doch die Flotte verbrennen, da ja der Bruder Pygmalion tot sei, dessen Angriff man befürchtet hatte. Als aber dann Äneas ziemlich kläglich, mit Berufung auf die Götter, deren Zorn er beschwichtigen müsse, seine Treulosigkeit eingesteht, bricht ihr Zorn bitter und wild aus. Den ungünstigen Eindruck, den dieses Verhalten des Äneas auf uns machen muss, soll die kurze Schlussszene des Aufzugs aufheben, in der ihm die Nachricht vom feindseligen Anrücken des Hiarbas und der feige Rat des Achat, um so eiliger zu fliehen, Gelegenheit giebt, die hochherzige Absicht auszusprechen, erst, eingedenk seiner Dankespflicht, Dido vor ihren Feinden zu schützen. Von diesem Schlusse abgesehen stimmt der Aufzug, hier und da bis auf den Ausdruck, mit Virgil überein. — Dagegen bringt der dritte Aufzug durchweg neue Motive. Aus der verzweifelnden, in ihrer Qual unthätigen Dido Virgils wird eine rachsüchtige, geschäftige Medea. Sie hat den Plan ersonnen, den Äneas wieder in die Burg zu locken und gefangen zu halten, mittlerweile aber die Flotte zu verbrennen. Schmeichelnd bewegt sie in der ersten Szene den Askan, den Vater zum letzten Abschiede zu holen. Unterdessen tritt, als libyscher Gesandter verkleidet, Hiarbas selbst auf, wird aber mit seiner Werbung, auch als er sich zu erkennen giebt, von Dido abgewiesen. Dieses romanhafte Eindringen des feindlichen Liebhabers in das Schloss zu Karthago, in dem die ganze Handlung sich vollzieht, schmeckt doch sehr nach den Intriguen der französischen Bühne und ist ein Notbehelf, zu dem die Einheit des Ortes zwang. Es erinnert an die Szene in Gottscheds Cato (III, 1), in der zu diesem, dem Belagerten, der Belagerer Cäsar ins Schloss zu Utika kommt und

<blockquote>der Römer Wohlfahrt wegen
mit ihm allein allhier was grosses überlegen</blockquote>

will. Die Anwesenheit des Libyers, mit dem der ankommende Äneas noch in einen kurzen, heftigen Wortwechsel gerät, lässt ihn Verdacht schöpfen, aber trotz der Bitten seiner Vertrauten, sich schnell in Sicherheit zu bringen, beschliesst er, hier der Gefahr ins Auge zu sehen. — Eine zweite grosse Szene zwischen Dido und Äneas eröffnet den vierten Aufzug. Erst stellt sie sich weich und resigniert; als sie aber glaubt, dass der Brand die Schiffe ergriffen haben muss, hofft sie ihn wieder in ihre Arme zu treiben, indem sie ihm alles gesteht. Er aber eilt empört fort und lässt sie enttäuscht in den Armen der Schwester zurück. Die zwiefache Hiobspost, dass der Anschlag auf die trojanische Flotte und auf die Person des Äneas misslungen sei und dass auf der andern Seite der durch seine Abweisung tödlich verletzte Hiarbas zum Sturme heranrücke, lässt in Didos Seele den verzweifelten Entschluss reifen, sich zu töten und dadurch die Stadt vielleicht vor dem Ansturm der Libyer zu retten. — Der kurze fünfte Aufzug zeigt zuerst das vergebliche Bemühen der alten Dienerin Barce, der Herrin den tödlichen Stahl zu entreissen. Als Anna der Schwester die freudige Nachricht bringen will, dass unerwartet das Libyerheer von Äneas und seinen Trojanern zerstreut worden sei, findet sie Dido im Nebengemach bereits sterbend, einen Fluch gegen Äneas auf den Lippen, der doch durch sein hochherziges Eingreifen wenigstens etwas von seinem schweren Vergehen gesühnt hat.

Im Gegensatze zu dem Übermass von Verwicklung im ‚Orest und Pylades' fehlt es der ‚Dido' an bewegter Handlung und spannender Entwicklung. Die beiden Hauptpersonen werden nicht müde, die eine ihren Schmerz und ihre Rachsucht, die andre den innern Kampf zu zergliedern. Die Handlung, welche ihre Gedanken und Gefühle vorwärts treibt, vollzieht sich fast ganz hinter der Szene: so der Angriff des Hiarbas, der gescheiterte Versuch, die Schiffe anzuzünden, des Äneas edelmütiges Eintreten für Dido. Sie spiegelt sich am gelungensten in der Entwicklung des Charakters der Dido, wofür das meiste schon Virgil bot, während es dem Dichter nicht geglückt ist, die Widersprüche in der Gestalt seines selbstgeschaffenen Äneas, die feige Treulosigkeit und die furchtlose Hochherzigkeit, zu versöhnen, sodass das Schwankende und Schielende des Charakters abstösst. Die Nebenpersonen, die „Vertrauten" der französischen Klassiker, Anna, Askan, Achat u. a. sind ganz farblos und helfen nur Monologe vermeiden und Szenen binden. Trotz der unverkennbaren Mängel des Stücks bezeichnet es doch nach zwei Richtungen hin einen Schritt über ‚Orest und Pylades' hinaus. Es entstand nicht wie dieses in Anlehnung an das dramatische Meisterwerk eines bühnengewandten Vorgängers, sondern es musste frei, mit feiner Empfindung für den Unterschied von Epos und Drama, aus widerstrebendem Stoffe herausgearbeitet und aufgebaut werden; aber auch in andrer Hinsicht war es ein Versuch auf schwererem Gebiete: es galt hier fast ausschliesslich, das innere Leben, die Entwicklung der Leidenschaften zu schildern, ein Seelendrama zu schaffen, und mehrfach hat es der junge Dichter verstanden, den vollen Ton der Leidenschaft zu treffen, so im 1. Auftritt des 5. Aufzuges. Da er freilich im Sinne des Lohenstein feindlichen Gottsched kühne Metaphern und Virgils glühende Gleichnisse mied, gelang es ihm gerade bei diesem Stücke um so weniger, sich auf der entsprechenden Höhe des sprachlichen Ausdrucks zu halten, je schwierigere Aufgaben eben hier die eingehende Zergliederung der Leidenschaften an die Form stellte.

Schlegel fühlte selbst, dass diese Jugendarbeit unter seinen spätern Leistungen stehe, so viel Mühe er sich auch noch durch Ausfeilen des Ausdrucks im einzelnen und durch eine Umarbeitung des fünften Aufzugs, in dessen ursprünglicher Fassung das rettende Eingreifen des Äneas noch nicht vorkam, darum gemacht hatte. Dieses Urteil wird man sich aneignen, obgleich Gottsched das Stück in der Vorrede zum 5. Bande der ‚Schaubühne‘, in der es 1744 erschien, wegen seiner „zärtlichen und starken Leidenschaften" und wegen seines „natürlichen Ausdrucks" über den ‚Herrmann‘ stellte.

‚Die Trojanerinnen‘. — Von diesem Stücke sagt Schlegel selbst in der 1747 geschriebenen Vorrede (Neudruck S. 168) zu seinen ‚Theatralischen Werken‘, in denen dasselbe zum erstenmale erschien, es sei vor zehn Jahren sein erster Versuch im Trauerspiele gewesen. Diese ursprüngliche, in Pforta verfasste ‚Hekuba‘, die nach seiner Angabe im Plane von den spätern ‚Trojanerinnen‘ nicht sehr verschieden war, entsprach aber nach einigen Jahren seinem gereifteren Geschmacke so wenig mehr, dass er sie vernichtete. Später fiel ihm jedoch eine Abschrift davon, welche ein Freund aufbewahrt hatte, in die Hände[1]) und da er 1742 eine Herausgabe seiner Schriften plante, die dann freilich unterblieb, ging er an eine gründliche Umgestaltung des Stücks, eine mühselige, endlose Arbeit, da jede Verbesserung neue Änderungen nach sich zog. 1745 veranlasste der Gedanke,

---

[1]) Hierauf bezieht sich ein scherzhafter Brief Kästners im 1. Band der ‚Belustigungen des Verstandes und Witzes‘ S. 231 ff.: „Nachricht von einem geretteten deutschen Heldengedichte". Kästner will es vom Putztisch einer Schönen, der es der unzufriedene Dichter zur Verwertung beim Lockenwickeln überlassen, aufgegriffen haben, und macht durch eine schwungvolle Ode die Nachwelt darauf aufmerksam.

das Drama in die ‚Bremer Beiträge‘ einzurücken, eine neue, wohl vorwiegend sprachliche und metrische Überarbeitung, und noch einmal wurde vor dem Druck von 1747 die Feile angelegt. Die letztere Fassung des Textes hat der Bruder im ersten Bande der ‚Werke‘ beibehalten. Das Stück scheint auf dem deutschen Theater festen Fuss gefasst zu haben, denn noch 1782 wurde es im fünften Bande der ‚im Kaiserl. Königl. Nationaltheater zu Wien aufgeführten Schauspiele‘ wieder gedruckt.

Auf den Stoff brachte ihn die Lektüre des Euripides; als besonders wirkungsvoll und belehrend fand er ihn noch in Aubignacs ‚Pratique du Théâtre‘ empfohlen (I, 1, p. 5): „C'est là (au théâtre) que les plus grossiers apprennent, que les faveurs de la Fortune ne sont pas de vrais biens, quand ils y voient la ruine de cette Roiale Famille de Priame (darin würde nach Gottsched zugleich der moralische Lehrsatz des Stückes liegen). Tout ce qu'ils entendent de la bouche d'Hecube, leur semble croiable, parce qu'ils en ont la preuve devant les yeux"; auch die Fabel von ‚Orest und Pylades‘ bezeichnet Aubignac an dieser Stelle als dramatisch sehr dankbar.

Als Quellen benutzte Schlegel drei antike Dramen, neben der ‚Hekuba‘ und den ‚Trojanerinnen‘ des Euripides die ‚Trojanerinnen‘ des Seneca.

Von der ‚Hekuba‘ kommt nur die erste Hälfte (V. 60—624) in Betracht, in der es sich um Polyxenas Opferung handelt. Der Schauplatz ist das Zeltlager der heimfahrenden Griechen an der thrazischen Küste. Der Chor gefangener Troerinnen berichtet der schon durch einen schweren Traum geängsteten Hekuba, trotz Agamemnons Einspruch habe Odysseus den Beschluss durchgesetzt, Polyxena auf Achills Grabe zu opfern. Als der Laertiade die Nachricht selbst überbringt, sucht ihn Hekuba durch Erinnerung an die Gunst umzustimmen, die sie ihm als ertapptem Späher einst in Troja erwiesen. Umsonst! Nun soll Polyxena selbst versuchen, ihn zu erweichen, sie weist aber diese Zumutung stolz zurück, sieht vielmehr dem Tode freudig entgegen, der sie schmachvoller Knechtschaft entzieht. Im zweiten Epeisodion erzählt Talthybios, der Getreue Agamemnons, der jammernden Greisin ausführlich den Verlauf der Opferung. — Die Troades, eins der schwächsten Stücke des Euripides, spielen im Lager vor Troja. Auch hier ist Hekuba die Hauptperson, die nicht von der Bühne kommt und eine Reihe sonst unzusammenhängender Bilder vermitteln muss. Nachdem von Talthybios gemeldet worden ist, welches Los ihr und ihren Töchtern gefallen ist, ziehen diese an ihren Augen vorüber, zuerst Kassandra, den Griechen noch Unheil prophezeiend, darauf Andromache mit Astyanax, der auf des Odysseus Rat dem Tode geweiht ist und von dem die Mutter rührenden Abschied nimmt. Mehr in den Hintergrund tritt sie dann während eines befremdenden Gespräches zwischen Helena und Menelaos, der eigentlich kommt, die Treulose zum Tode zu führen, sich aber schliesslich von ihren Sophismen bethören lässt. Zuletzt bringt Talthybios die Leiche des Astyanax und schleppt die klagende Hekuba zu den Schiffen. — Dieselbe Szene wählt Seneca. Auf eine Wehklage der greisen Königin folgt der Bericht des Talthybius über die beschlossene Opferung der Polyxena. Den daran sich schliessenden, heftigen Streit des Pyrrhus und Agamemnon für und wider diesen Beschluss schlichtet Calchas zu gunsten des Pyrrhus und fordert obendrein die Tötung des Astyanax, den Andromache, durch einen Traum geschreckt, in Hectors Grabe birgt, um ihn doch schliesslich dem grausamen Ulixes auszuliefern. Auf eine Szene zwischen ihr und Helena folgt der Botenbericht über den Tod der Polyxena und des Astyanax und die Abführung der Hecuba und Andromache.

Wie schon der frühere Titel des Stückes ‚Hekuba‘ andeutet, scheinen die empfindungsreichen Klagen, die einfache, klare Handlung in der Euripideischen ‚Hekuba‘ dem jungen Portenser den Anstoss zur dramatischen Behandlung des tragischen Geschicks der unglücklichen Königin und ihrer Töchter gegeben zu haben; ihre Charaktere hat er wenigstens alle herübergenommen: die wort- und thränenreiche Mutter, die stolze, todesfreudige Polyxena, den harten Ulyss und den mitleidigen Agamemnon, wenn dieser auch bei Euripides in der ersten Hälfte des Stücks nicht persönlich auftritt. Kräftiger hob sich Agamemnons Person und mit ihm das wirkungsvolle, hemmende Moment des Mitleids in dem Stück des Seneca hervor, das dem jungen Dichter zugleich in den Gestalten der Andromache und des Astyanax eine erwünschte Bereicherung des doch zu dürftigen Stoffes der ‚Hekuba' brachte. Für die Schilderung des Geschickes der Andromache sah er sich aber auch auf des Euripides ‚Troades' hingewiesen, und ihnen entnahm er schliesslich auch noch die Figur der Kassandra. So entstand durch Kontamination dieser drei Vorbilder ein an Handlung und Personen überreiches Stück. Eine bewusste Abweichung, die von selbständigem Nachdenken zeugt, war es schon — um dies vorauszuschicken —, dass im Gegensatz zu den Originalen, die alle drei im griechischen Lager spielen, Schlegel die Szene auf die Trümmer der Burg des Priamus, auf den Platz vor einem halbzerstörten Tempel verlegte, von dem sich die königlichen Frauen noch nicht haben trennen wollen. Wenn dadurch die Aufrechterhaltung der Einheit des Ortes und die ungezwungene Motivierung des Auftretens aller Personen sehr erschwert wurde, so war andrerseits die Wahl eines so poetischen Hintergrundes in mancher Hinsicht dramatisch sehr dankbar. Schlegel selbst hat in seiner ersten prosaischen Schrift, einem Briefe an seinen Bruder, der besonders die Vorzüge der griechischen Bühne rühmt (Neudruck S. 4), hervorgehoben, was die „sorgfältige Auszierung des Schauplatzes", etwa der Hain im ‚Ödipus auf Kolonos' mit der Perspektive auf Athen, für eine „überaus prächtige Vorstellung mache" und wie hoch ein so reicher Hintergrund über das übliche scheunenartige Gemach des französischen Theaters zu stellen sei. Und zu welch' wirkungsvollen Betrachtungen konnte hier der Blick auf die zerstörte Stadt und auf das Grabmal Hektors, das freilich auch, aller Wahrscheinlichkeit zum Trotz, Seneca als Hintergrund für das Griechenlager verwendete, Anlass geben! Dann waren aber auch den Frauen auf der Burg manche Vorgänge unbekannt, deren Zeugen sie mitten im Griechenlager sein mussten, und so durfte der Dichter eine Reihe von Ereignissen erst ahnen und nach und nach überraschend eintreten lassen, die in den antiken Dramen schon von Beginn des Stückes an wirkten.

Dieser Hintergrund wird gleich bei Beginn des Stückes von Hekuba und Andromache verwertet, die Trojas „erste Pracht mit diesen Trümmern" schweren Herzens vergleichen und daran Befürchtungen und Wünsche knüpfen. Während Andromache geht, um durch einen Boten Nachrichten über ihr Geschick einziehen zu lassen, teilt ein griechischer Soldat, den Hekuba einst gerettet, dieser aus Erkenntlichkeit mit, Achills Geist habe Trojas schönstes Weib zum Opfer gefordert, wenn ein günstiger Wind endlich die Griechen heimgeleiten solle. Hekubas Hoffnung, dass Helena gemeint sei, wird durch des Talthybius Meldung zerstört, dass diese straflos ausgehe, während Hekuba dem Ulyss zugeteilt sei. Welches Opfer nun Achill verlange, verschweigt ihr der rücksichtsvolle Bote, so dass Polyxena die Mutter in trüber Verzweiflung und voll düstrer Ahnungen findet. Deren Vermutung, sie selbst, Polyxena, werde gemeint sein, lässt sie in Jubel ausbrechen, den die Mutter klagend schilt, die Tochter mehr mit kalten Verstandesschlüssen als mit dem Gefühl rechtfertigt. Letztere Szene schliesst sich eng an die ‚Hekuba' des Euripides, der auch die Erzählung vom Erscheinen des Geistes Achills, und Hekubas Wunsch, Helena möchte geopfert werden, entstammen. Eine Erfindung Schlegels ist dagegen der anscheinend überflüssige griechische Soldat; er bezweckte mit dieser Szene offenbar eine Steigerung der Spannung: die unbestimmte Aussage des Soldaten, das schönste Weib Trojas solle geopfert werden, giebt der Phantasie der Königin den weitesten Spielraum und lenkt ihren Wunsch zunächst auf Helena. Diese Illusion zerstört ihr Talthybius, dessen zartfühlendes Verschweigen des Namens der Polyxena sie aber in neue, bange Ungewissheit stürzt. In den Vorbildern enthüllt dagegen gleich der erste Bericht den vollen Beschluss der Fürsten (Hekuba V. 96 ff., Troades V. 263 ff.).

Im zweiten Aufzuge tritt Agamemnon mit Talthybius auf; er beklagt die bevorstehende Opferung der Polyxena und sieht in der Erscheinung des Achill nur eine boshafte Erfindung des blutdürstigen Kalchas: aber der Priester Ansehen überwiege das der Fürsten; er seufzt selbst

<blockquote>in verborgnen Ketten,
und kann nicht öffentlich und nicht verborgen retten.</blockquote>

Angedeutet war dies mitleidige Eintreten für Polyxena durch den Chor in der ‚Hekuba' V. 114 ff., etwas mehr ausgeführt schon bei Seneca 211 ff.; die Ausarbeitung des Charakters ist Schlegels Eigentum. Möglichst schonend will Agamemnon der Hekuba die schmerzliche Nachricht überbringen: da tritt ihm verzückt Kassandra entgegen, nennt ihn Mörder, weil er Mördern nicht wehre, sieht die Ursache des widrigen Windes in den Freveln der Griechen, die sie am zerstörten Troja begangen, wobei sie wieder den Hintergrund deklamatorisch verwertet, und malt feurig die Schrecken der Heimfahrt aus. Ergriffen fühlt der weichherzige Agamemnon Reue und kehrt zurück, um doch noch für das Leben der Polyxena einzutreten. Die bittren Flüche, die teuflischen Jubelrufe der Kassandra über den Tod des Agamemnon, den sie voraussieht, ziehen Hekuba und Andromache herbei, welchen die Seherin das Bevorstehen von zwei Trauerposten verkündet, nur ganz im allgemeinen, so dass wieder eine angstvolle Spannung erregt wird. Die erste der beiden Nachrichten, dass der Tod des Astyanax beschlossen sei, bringt der getreue Lichas, eine Nebenperson Schlegelscher Erfindung, die den Vermittler zwischen Burg und Lager zu bilden hat. Die Verzweiflung treibt, wie bei Seneca, Mutter und Tochter zu dem Entschluss, den Knaben im Grabe seines Vaters zu bergen. Die Vorüberführung des kleinen Astyanax, den die Klagen und Gebete der Mutter und Grossmutter begleiten, giebt Anlass zu einer dankbaren Szene, die aber weit kälter und kürzer als die entsprechende bei Seneca ausgefallen ist. Ein Schlag, der zu fürchtende Tod des Enkels, hat also die Greisin getroffen; aber noch ist die Spannung nicht gelöst, weil der Vielgequälten die Opferung der Polyxena noch immer nicht mit klaren Worten gemeldet ist.

Der dritte Aufzug beginnt mit einem heftigen Streit zwischen Pyrrhus, der Polyxena abholen will, und Agamemnon, der das nutzlose Blutvergiessen zu hindern sucht, einem kurzen Gespräch, das matt erscheint gegen die Leidenschaftlichkeit und die Fülle von Einfällen bei Seneca V. 211—361. Als Pyrrhus zornig weggeeilt ist, übernimmt Ulyss seine Rolle und wirft es dem Könige vor, dass er, der seine eigne Tochter geopfert, nicht einmal fremdes Blut zu Achills Ehre fliessen lassen wolle. Der willensschwache Agamemnon giebt nach, da Ulyss die Verantwortung für die That übernimmt, und dieser bleibt als Überbringer der Nachricht zurück. Sein Gespräch erst mit Polyxena, dann auch mit Hekuba schliesst sich in den Gedanken eng an ‚Hekuba' V. 237 ff. an[1]), nur dass Ulyss mehr als Heuchler gezeichnet ist, während er bei Euripides einfach herzlos erscheint. Hier wie bei Euripides bleibt Polyxena ungebeugt, gemahnt Hekuba den Griechen vergeblich an die einst in Troja erwiesene Gunst; doch verlangt schliesslich — nach Seneca — Ulyss noch Hektors Sohn, was endlich in Hekuba, die bis jetzt nur Klagen und Vorwürfe hatte, leidenschaftlichen Zorn wachruft. Jetzt erst erkennt sie mit ihren Töchtern klar die Gefahren, die den Ihrigen drohen, aber sie klammert sich noch an die Hoffnung, zu der sie das Verhalten des Agamemnon berechtigt hat, dessen Charakter, so wie ihn Schlegel gestaltete, das retardierende Moment der Handlung bildet.

Bei Beginn des vierten Aufzuges will Andromache, die den Sohn im Grabmal Hektors versteckt hat, den Ulyss glauben machen, sie suche selbst den Verlorengegangenen; dies nach Seneca. Auf Bitten der Hekuba von Lichas gerufen erscheint Agamemnon mit Talthybius, aber noch ebenso unschlüssig wie zuvor; er fühlt, mag Polyxena gerettet werden oder sterben, in jedem Falle werde ihn Verantwortung und Vorwurf treffen; zudem fürchtet er weniger die Hitze des Pyrrhus als die dämo-

---

[1]) Noch mehr glich der Darstellung bei Euripides die erste Bearbeitung, in der Hekuba von Anfang an sich auf der Bühne befand (Vorbericht des Bruders).

nische Redegewalt des Ulyss. Hekuba, der Lichas sein Kommen gemeldet hat, überschüttet den Schwächling mit Vorwürfen, so dass er sich noch einmal zur Rettung ihrer Tochter entschliesst und sie unter seinem Schutze mit ins Lager nimmt. Kaum ist er fort, so gesellt sich Andromache wieder zur Mutter, die vereint des herancilenden Pyrrhus übermütiges Fordern der Polyxena mit höhnischem Stolz abweisen. Wutschäumend eilt er dem Agamemnon nach. Der grössere Teil des Aufzuges ist Schlegels Erfindung.

Im fünften Aufzuge tritt Ulyss zu Hekuba und Andromache, die eben den beengenden Tempel verlassen haben, als Ulyss erscheint, um nach dem Orakelspruch „Zerschmettert noch den Rest von Hektors grossem Namen!", den man wohl mit Unrecht auf den vielleicht schon toten Astyanax bezogen habe, Hektors Grabmal zu zerstören; der Sache nach entspricht diese Wendung dem Seneca, das doppeldeutige Orakel aber ist ein guter Einfall Schlegels. Erst als sie das Zerstörungswerk wirklich beginnen sieht, stürzt die Verzweifelnde fort, das Geheimnis zu entdecken. Was Seneca erschütternd vor die Zuschauer zu bringen wagte, das Bekenntnis der Mutter und das Hervorziehen des Knaben, spielt hier hinter der Szene und spiegelt sich nur in dem Jammern der Hekuba, die, ihren Rat verfluchend, das Schauspiel mit den Blicken verfolgt. Die rührende Szene, in der nun die Frauen um Gnade für den Knaben flehen, klingt weit frostiger als die entsprechende bei Seneca; mit demselben Grunde wie dort, weil es die Sicherheit der Griechen fordre, weist Ulyss beide ab, und nun treibt die Verzweiflung die Frauen zu drohendem Fluche auf die mordgierige Feigheit der Griechen. Als der Knabe ihnen entrissen ist, meldet Pyrrhus kurz und mehrfach unterbrochen, da lange Erzählungen dem Drama nicht ziemen, voll Bewunderung den Opfertod, den Polyxena mit freudigem Mute erduldet. Ulyss mahnt zur Abfahrt, und mit einer vorwurfsvollen Frage an den ungerechten Himmel schliesst Andromache das Stück, während Hekuba schmerzbetäubt verstummt.

Wie bei ‚Orest und Pylades' empfand Schlegel auch bei den ‚Trojanerinnen' das Bedürfnis, die Fabel reicher zu gestalten, und verfiel so auf die Zusammenarbeitung des Stoffes von drei antiken Stücken. Diese Fülle der Handlung, die grosse Zahl der Personen hat freilich der Einheit und Übersichtlichkeit des Ganzen Eintrag gethan: nur die Rolle der Hekuba stellt eine Verbindung zwischen dem sich verflechtenden Polyxena- und Andromachedrama her. — Wie Schlegel bereits in seinen ersten Prosaschriften, so in dem schon erwähnten ‚Brief über die Trauerspiele der Alten' von 1739 (Neudruck S. 6), dann in der ‚Vergleichung Shakespeares und Andreas Gryphs' 1741 (ebenda S. 80, 82 und am Schlusse der Abhandlung) die Überzeugung ausgesprochen hatte, dass die wichtigste Aufgabe des dramatischen Dichters die Schöpfung und folgerichtige Durchführung scharfgezeichneter Charaktere sei, so hat er auch in den ‚Trojanerinnen' besonderen Fleiss auf deren Ausarbeitung verwandt. Die Frauengestalten freilich sind im wesentlichen mattere Kopien der antiken Vorbilder, und auch das scheinheilige, heuchlerische Wesen des Ulyss war schon bei Seneca angedeutet, bei dem höflichen Ulyss Racines schon weiter ausgeführt. Wie aber die mehrfachen Varianten andeuten, die der Bruder gerade für Reden des Agamemnon anführt, hat er an diesem Charakter, für die ihm die Vorbilder wenig boten, am meisten gefeilt. Freilich gelungen kann man diese Gestalt doch nicht nennen; sie ist zu verächtlich, um Interesse zu erregen: viermal ändert der Wankelmütige seinen Beschluss, bald durch Kassandras Drohungen oder durch Hekubas Vorwürfe, bald durch des Ulyss' Stachelreden eingeschüchtert und dazwischen stellt er resigniert Betrachtungen über seine Unentschlossenheit, über das schwere Los eines Fürsten an, predigt Humanität und spielt den Aufgeklärten, wenn er die Erscheinung des Achill für Priesterbetrug ansieht; eine Hamletnatur, mit deren Willensschwäche uns aber nicht zuletzt eine kräftige That aussöhnt. Von Einfluss auf die Gestaltung dieses Charakters scheint der Agamemnon Racines in der ‚Iphigénie en Aulide' (1674) gewesen zu sein. In Stellen wie (I, 1):

> heureux qui satisfait de son humble fortune
> libre du joug superbe où je suis attaché
> vit dans c'état obscur où les dieux l'ont caché,

ferner (I, 5):

> triste dessin des rois! esclaves que nous sommes

oder in den Klagen über die „cruelle industrie" des Ulyss, dessen dämonischen Einfluss er diesem selbst bekennt (I, 3):

> vos conseils sur mon coeur n'ont eu que trop d'empire
> et je rougis . . .

und (I, 5):

> Seigneur, de mes efforts je connais l'impuissance,
> je cède . . .,

in alledem spricht sich derselbe larmoyante Zug aus, der dem Agamemnon Schlegels eigen ist.

Talthybius und Lichas, der Hekuba gegenüber hier und da auch Andromache, sind Ableiter für die Gefühlsergüsse der Haupthelden, die Botenbericht und Monologe vermeiden helfen müssen, Nebenpersonen, die als solche nach Gottscheds Hauptstück von der Tragödie (Crit. Dichtkunst S. 564 ff.) „keine besondere Gemüthsart haben dürfen". Nachteilige Folgen der „Regelmässigkeit" zieht auch das strenge Einhalten der Einheit des Orts und der Szenenbindung nach sich. So ist es unwahrscheinlich, dass sich bei Beginn des dritten Aufzuges Agamemnon und Pyrrhus oben auf den Trümmern der Burg um Polyxena streiten, und recht gezwungen begründet ihr Auftreten an diesem Orte Hekuba am Anfange des letzten Aufzuges mit den Worten:

> Ach! Komm, Andromache, bey meiner Sorgen Menge
> Wird mir die Ruh verhasst, und dieser Tempel enge.

Trotz unverkennbarer Schattenseiten scheint das Stück von Schlegels Dramen den meisten Beifall gefunden zu haben. Die ‚Chronologie des deutschen Theaters' (1775) bemerkt bei dem Jahre 1747 (S. 130), die ‚Trojanerinnen' habe man durchgehends als Schlegels Meisterstück erkannt. Besonders ins Gewicht fällt aber das günstige Urteil eines so stimmfähigen Zeitgenossen wie Mendelssohn, dessen feines Gefühl und scharfer Verstand hohe

Ansprüche stellten und dessen Geschmack wir unsere Empfindungen unterordnen, wenn es gilt, den Wert des Dramas für seine Zeit zu schätzen. Nachdem er in seiner Besprechung der Trojanerinnen im 310. Litteraturbriefe (1765) das Stück unter den Bühnenbearbeitungen antiker Stoffe für das beste, was man überhaupt habe, erklärt hat, fährt er fort: „Es ist reich an Handlung, fruchtbar an edelmüthigen Gesinnungen und voller trefflichen Situationen, die das Gemüth in beständiger Bewegung erhalten, und das Herz mit Schrecken und Mitleiden erfüllen. Die Charaktere sind, wie sie bey den Alten allezeit zu seyn pflegen, von vermischter Art. Keiner so erhaben tugendhaft, dass er sein Elend nicht fühlen sollte, auch keiner so übertrieben lasterhaft, dass er mehr Abscheu als Unwillen verdiente. Alles, was unsere Schauspieler abgehalten haben kann, dieses Stück öfter auf die Bühne zu bringen, ist vielleicht die Entfernung der Sitten. Sieger, die eine Prinzessin zum Opfer verlangen und ein unschuldiges Kind mit kaltem Blute ermorden, sind in den Augen der Zuschauer, die sich nicht in andere Zeiten versetzen können, abscheulich."

‚Herrmann'. — Eine neue Periode des Schaffens beginnt in gewissem Sinne für Schlegel mit dem ‚Herrmann'. Denn mit ihm wendet er sich von den antiken Stoffen den vaterländischen zu, geleitet von seinem Gefühl und seiner Erfahrung, die ihm sagten, „dass diejenigen Trauerspiele mehr interessieren und stärker auf die Gemüter wirken, deren Stoff in der Geschichte des Volkes liegt, für welches man dichtet" (Vorbericht des Bruders). Angeregt wohl besonders durch Mascovs Vorlesungen und Schriften, die auch zu dem Epos ‚Heinrich der Löwe' und zu dem Gedanken an ein Drama ‚Otto von Wittelsbach' den Anstoss gegeben haben mögen, begann er die Arbeit Anfang 1740, um sie mit etwas geändertem Entwurfe erst Mitte 1741 zu vollenden. 1743 erschien das Stück im vierten Teile der Gottschedischen ‚Schaubühne', freilich hier und da willkürlich verändert von einem befreundeten Schriftsteller, dem Schlegel von Kopenhagen aus die Veröffentlichung anvertraut hatte, dem Sekretär Koppe, den Rost in einem Briefe an Bodmer vom 24. Januar 1744 (Stäudlin S. 3) „einen Menschen, auf welchem der Geist Gottscheds ruht", nennt. Den reinen Text stellte nach den Handschriften die Gesamtausgabe wieder her. Zuerst 1741 nach der Handschrift aufgeführt, ward es am 6. Oktober 1766 bei der Einweihung des neuen Leipziger Theaters gespielt, nicht zur Befriedigung Goethes, der unter den Zuschauern sass und, freilich lange nachher erst, aus der Erinnerung das Urteil fällte, dass der ‚Herrmann' „ungeachtet aller Thierhäute und anderer animalischer Attribute sehr trocken abgelaufen wäre". Das Stück wurde sogar von einem gewissen Bauvin ins Französische übersetzt und 1772 aufgeführt, wie Söderhjelm (S. 103, Anm. 16) in Grimms litterarischer Korrespondenz entdeckt hat; freilich heisst es da von dem Stücke: „on l'a trouvée froide et ennuyeuse".

Da es eine mehrfach, z. B. in der ‚Vergleichung Shakespeares und Andreas Gryphs' (Neudruck S. 83) von ihm ausgesprochene Überzeugung Schlegels war, dass der dramatische Dichter bei Stoffen, die dem Publikum bis in die Einzelheiten aus der Geschichte bekannt sind, nur zu seinem Schaden sich von der Überlieferung entfernen würde, so hat er sich auch hier bei der dramatischen Gestaltung der Fabel eng an die Quellenberichte gehalten, so dass es der Bruder zweckdienlich fand, die einschlagenden Stellen des Dio Cassius, Vellejus Paterculus, Florus, Tacitus und Sueton in deutscher Übersetzung seinem Vorbericht anzuhängen. Von den neueren Bearbeitungen des Stoffes, denen Julius Riffert in einem anregenden Aufsatze im ‚Archiv für das Studium der neueren Sprachen' von 1880: ‚Die Hermansschlacht in der deutschen Litteratur' von Hutten an nachgegangen ist, hat Schlegel Lohensteins weitschichtigen Roman ‚Der grossmüthige Feldherr Arminius' (1689—90 in 18 Büchern), wohl auch Campistrons 1689 erschienene Tragödie ‚Arminius' gekannt und verwertet. Wie viel Fleiss und Zeitaufwand er sich dies sein Lieblingsstück hat kosten lassen, beweist nicht nur der zwiefache Entwurf, dessen der Bruder gedenkt; der Dichter selbst äusserte einigen Freunden gegenüber, er wolle eher sechs ‚Trojanerinnen' als einen ‚Herrmann' verfertigen (Vorbericht zu den ‚Trojanerinnen'). Und gewiss war die Aufgabe, die ihm der Stoff stellte, nicht nur deshalb schwerer zu lösen, als die bisherigen, weil er sich nicht mehr an wegweisende dramatische Vorbilder halten konnte, es traten gerade hier noch besondere Schwierigkeiten hervor: die Verwirrung einer Schlacht auf die Bühne zu bringen, widerstrebte der ‚Regelmässigkeit', und doch musste Herrmanns Sieg das Stück schliessen, mussten also die letzten Akte in die Zeit während des Kampfes fallen; es galt ferner, einen geeigneten Ort zu finden, an dem sich ungezwungen alle Momente dieser in Wirklichkeit zeitlich wie räumlich weit auseinandergezogenen Handlung abspielen konnten. Campistron hatte das Lager des Varus gewählt, weil bei ihm echt französisch die Liebe des römischen Feldherrn zu der gefangenen Isménie, dem Seitenstück der Thusnelda, im Vordergrunde stand. Da aber Schlegel fast nur deutsche Personen vorführte und echte alte deutsche Sitte schildern wollte, musste er auch den Schauplatz in das Gebiet des deutschen Heeres verlegen, und es war ein glücklicher Griff von ihm, anknüpfend an des Tacitus Worte in den Annalen I, 61 „lucis proxumis barbarae arae" und an die ausführliche Schilderung eines heiligen Hains von mächtigen Eichen, mit der Lohenstein seinen ‚Arminius' eröffnet, einen solchen germanischen Naturtempel zu wählen, in dem noch die Standbilder des Thuiskon und Mannus bestimmt sind, die Andacht und die patriotische Begeisterung zu erhöhen, der daher auch mehrfach eine dramatisch wirksame, feierliche Stimmung genügend erklärt, etwa das Gebet der Fürsten vorm Auszug in die Schlacht. Freilich legte der Zwang dieser Ortseinheit dem Dichter auch grosse Beschränkungen auf. Auch die Einheit der Zeit ist streng gewahrt: das Stück spielt, gleich der ‚Bluthochzeit' Gottscheds, vom Abend an die Nacht hindurch bis zum Morgen.

Der erste Aufzug zeigt uns im Anfang den greisen Vater Sigmar, wie er seinen Sohn Herrmann vor den Bildern der alten Helden zum Freiheitskampfe anspornt, den dieser als Cheruskerfürst leiten soll. Herrmanns Bruder und dunkles Gegenstück, der römerfreundliche Flavius, nach Tacitus Annalen II, 9—10 gezeichnet, tritt hinzu, und verteidigt in lebhaftem, scharfsinnigem Wortwechsel mit seinem Vater die römische Kultur, während dieser deutsche Einfalt und Urväter Freiheit von römischen Lastern bedroht sieht, eine Befürchtung, die sich schon bei Florus IV, 12 angedeutet, bei Lohenstein im 1. Buche breit ausgeführt findet, und die an Rousseaus Ideen erinnert, z. B. in Wendungen, wie (I, 2):

Und was durch Künste stieg, das fällt durch Künste wieder . . .
Hier frey seyn, gilt mir mehr, als in Pallästen frohnen . . .

oder (II, 4):

Ist man nicht tugendhaft, bis man die Laster kennt? . . .
Wenn Einfalt glücklich macht, so ist sie auch ein Gut . . .

Den Schüler des Euripides verrät es, wenn sich das eifrige Gespräch zur Stichomythie zuspitzt (I, 2):

Flavius: Wir bleiben donnoch frey, spricht Rom uns gleich das Recht.
Sigmar: Wem Rom Gesetze giebt, der ist der Römer Knecht.
F.: Rom lehrt uns Kunst und Witz, und zähmt die wilden Sitten.
S.: Rom jagt die Unschuld weg aus den beglückten Hütten.
F.: Ich habe Rom gesehn, und trau ihm Gutes zu.
S.: Ich hab es nicht gesehn, und kenn es mehr, als du.
F.: Verwirfst du Kunst und Witz, die doch den Völkern nützen?
S.: Verflucht seyn Kunst und Witz, wo sie die Laster stützen u. s. f.

Nach vergeblichem Bemühen, den Hartnäckigen dem Vaterlande wiederzugewinnen, geht erst Sigmar fort, „das deutsche Volk in seinem Mut zu stärken", dann auch Herrmann, und ein Freund des Flavius aus dem römischen Lager, Marcus, findet sich zu des Ersteren grosser Freude und zur Überraschung des Publikums im heiligen Hain mit der schwachen Begründung ein (I, 4):

Ich bin vom Weg entwichen,
Um diesen Hayn zu sehn, und finde dich allhier.
Wie glücklich leitet mich doch meine Neubegier!

Er ist eine von Schlegel erfundene Figur, die nur einmal hier im Anfange auftritt, also etwa der persona protatica der lateinischen Komödie entspricht, und die nur die Aufgabe hat, dem Publikum ein Bild vom Charakter des Varus und dem Flavius Gelegenheit zu geben, seine heimliche Liebe zu Thusnelda, der Braut seines Bruders, zu verraten. Dies Bekenntnis entschlüpft ihm, als Marcus berichtet, der friedensselige Varus, der dem des Vellejus nachgebildet scheint, habe nun sogar die Geiseln, Sigmund und Thusnelden, die Kinder Segests, entlassen. Mit einer frostigen Gegenüberstellung der kühlen deutschen Liebe, die die Pflicht nebenbei noch thue, und der feurigen römischen, die ganz den Menschen einnehme, schliesst der Aufzug. Man wird zugeben, dass er den Anforderungen an eine Exposition genügt: der Zuschauer erfährt den bevorstehenden Freiheitskampf unter dem jungen Herzog Herrmann, die verblendete Vertrauensseligkeit des Varus, den Gegensatz der politischen Überzeugung bei den beiden Brüdern, schliesslich des Flavius verhängnisvolle Liebe zur Braut seines Bruders, und ist damit auf die kommenden Verwicklungen hinreichend vorbereitet.

Der Dämon des Stückes, Segest, tritt uns erst im zweiten Aufzuge entgegen. Nachdem in der ersten Szene seine aus der Gefangenschaft zurückkehrenden Kinder Thusnelde und Siegmund allein ihrer Freude, Siegmund freilich, dessen Vorbild Schlegel bei Tacitus fand, auch der schmerzlichen Scham darüber, dass man ihm die Insignien eines Augustuspriesters aufgezwungen hat, Ausdruck verliehen haben, weist Segest, der die andern Fürsten in den Hain geladen hat, ihre Hoffnung auf baldige Befreiung des ganzen Volkes mit den kühlen Worten ab:

Die Freyheit, die du meynst, hat Deutschland nicht vonnöthen;

und sucht dann in einem Zwiegespräch den entsetzten Sohn von dem Grundsatze zu überzeugen:

Das Vaterland ist da, wo du kannst Vortheil hoffen.

Sigmar, Herrmann, die Fürsten der Chauzer und Catten treten nun im vierten Auftritt mit Segest zur Beratung zusammen, in der wieder der Wert römischer Kultur und deutscher Einfalt philosophisch erörtert wird. Bezeichnend ist für den etwas frostigen und schwerfälligen Ton die Schlusskette des Sigmar (S. 334):

> Gesetzt, Segest, dass der aus Einfalt Gutes wählet,
> Dem ein geneigtes Glück des Bösen Glanz verhehlet,
> Und der, wenn seine Brust vor Tugendeifer brennt,
> Nichts anders lieben kann, weil er nichts anders kennt:
> Wenn unsrer Thaten Lohn in ihren Folgen lieget,
> Wenn Tugend uns beglückt und durch sich selbst vergnüget;
> Was schadet's, ob ein Mensch aus Einfalt Gutes thut?
> Wenn Einfalt glücklich macht, so ist sie auch ein Gut.

Auf Herrmanns Vorwürfe wegen seiner römischen Gesinnung antwortet Segest mit der Drohung, ihm die Braut entziehen zu wollen, was diesen zwar erschüttert, aber in seinem Entschlusse nicht wankend macht:

> Vermeynst du, dass mein Muth bey deinem Drohen sinkt,
> Und mich die Liebe hält, wenn mir die Ehre winkt?

Eine bedenkliche Folge der Einheit des Ortes ist es, wenn sich nun der Dichter genötigt sah, den Varus selbst in dem Hain unter den Gegnern erscheinen zu lassen, um den Fürsten in längerer Rede ihr unbegründetes Misstrauen vorzuwerfen, sie seiner friedlichen Absichten zu versichern und ihre Hilfe zur Unterdrückung eines Aufstandes in einem andern Teile Germaniens zu erbitten; sie möchten sich über diese Frage noch denselben Tag bei ihm im Lager bei einer Gasterei schlüssig machen. Nach seinem Weggange findet es Herrmann empörend, dass ihnen zugemutet wird, Brüderblut zu vergiessen, und stimmt für Kampf gegen Varus, wogegen Segest der Meinung ist, den Römern zu widerstehen, sei man von jeher zu schwach gewesen. Schliesslich wird der Vorschlag des Chauzerfürsten, nach der Rückkehr aus dem Lager des Varus in der Nacht die Römer zu überfallen — ein Rat, der wie diese ganze Versammlungsszene, sich auch bei Lohenstein findet — von Segest arglistig unterstützt, trotz Herrmanns Widerstreben angenommen. In der Schlussszene des Aufzugs weiht Segest seinen Sohn in seinen Plan ein, diesen Anschlag der Fürsten dem Varus zu verraten und ihre Gefangennehmung zu erwirken. Da Siegmunds Gewissen sich dagegen empört, zwingt ihn der Vater, ihm Gehorsam zu schwören. Man sieht, was Schlegel zu der Unwahrscheinlichkeit trieb, den Segest seinen verräterischen Plan ausplaudern zu lassen: der Hörer musste darum wissen, und ein Monolog musste umgangen werden: überdies wird die Verwicklung durch die Seelenqual des Knaben erhöht, der seinem Vater den Eid nicht brechen und auch das Vaterland nicht verderben lassen will.

Die Nacht, mit der sich schon die stillen Felder decken,

führt den immer noch unschlüssigen Flavius beim Beginn des dritten Aufzuges mit Segest zusammen, dessen Plan gescheitert ist, da Varus seinen Einflüsterungen kein Gehör geschenkt hat; indem er mit kluger Benutzung von Flavius Leidenschaft ihm Thusnelde zusagt, gewinnt er ihn für seine verräterische Ansicht, freilich erst nach langem Wortkampf, der wieder stellenweise stichomythisch geführt wird:

F.: So soll ich schuldig seyn, dass meiner Bürger Blut
 Umsonst vergossen wird, und keine Wirkung thut?
S.: Ihr Blut wird fruchtlos seyn, auch wenn wir sie beschützen.
F.: Das Werk gelingt vielleicht, wenn wir es einig stützen.
— — — — — — — — — — — — — — — — —
S.: Bedenke, was du kannst, und was dein Beyspiel nützt.
F.: Ist's Herrmanns Beyspiel nicht, das sie zum Krieg erhitzt?
S.: Dein Beyspiel ist genug; drum setz es ihm entgegen.
F.: Ein Herzog meines Volks wird mehr, als ich, vermögen u. s. f.

Segest geht ab, vermutlich, um seinem Sohn und seinen Truppen die Teilnahme am Kampf zu untersagen. Dessen Verlauf hier unter dem Schutze der Götter abzuwarten, kommen Thusnelde und Adelheid, Herrmanns Mutter[1]), und finden Flavius noch mit sich kämpfend. Er begeht die Thorheit, der Thusnelde mit Berufung auf ihres Vaters Zusage eine Erklärung zu machen, ein Zug, der im ersten Entwurfe fehlte; sie weist ihn, der sein Vaterland und seinen Bruder hintergeht, verächtlich ab; trotzdem

---

[1]) Der Name stammt wohl von Schlegel; die römischen Quellen kennen sie nicht, bei Lohenstein heisst sie Asblaster.

spricht er im Abgehen die Hoffnung aus, den lockenden Preis doch noch aus Segests Hand zu erhalten. Während die beiden Frauen in Lobeserhebungen Herrmanns wetteifern, im Gegensatz zu Flavius, von dem die Mutter behauptet:

> Und jedes Wort von ihm verleugnet schon mein Blut,

betritt der erstere vor der Schlacht noch einmal den geweihten Ort und ist überrascht, Thusnelden zu finden, die er erst aus Varus Ketten befreien zu müssen glaubte. Weit entfernt, zärtlicher Liebhaber zu sein, erscheint er der immer bewundernden Thusnelde gegenüber etwas grosssprecherisch, beinahe unhöflich; so, wenn er ruft:

> Man sage, wenn man einst von meinen Thaten spricht,
> Thusnelden liebt er sehr, doch mehr noch seine Pflicht,

und sie darauf:

> Du, Herrmann, hast gewählt, wie grosse Herzen wählen,
> Und liebest mehr, als dich, die Freyheit deutscher Seelen.
> Da mich dein Herz gesucht, schien es mir liebenswerth:
> Itzt lieb ich es noch mehr, da es mich nicht begehrt.

Der Aufzug schliesst mit einem Gebet, durch das sich die Fürsten zum nächtlichen Kampfe stärken.

Während nun hinter der Szene das Schlachtenglück hin- und herschwankt, muss der vierte Aufzug und der grössere Teil des fünften von den vier beim Kampfe nicht beteiligten Personen, den Römerfreunden Segest und Flavius und den begeisterten Patriotinnen Adelheid und Thusnelde, ausgefüllt werden, „und niemals", sagt Mendelssohn im 311. Litteraturbriefe, „ist die Bühne so leer von Handlung, als wenn hinter derselben das blutigste Treffen geliefert wird." Kein Wunder, dass diese Szenen sich zum Teil in recht matten Reflexionen und Tiraden verlieren. Zunächst suchen sich die Frauen die bangen, nächtlichen Stunden durch begeistertes Aussprechen ihrer Vaterlandsliebe zu kürzen: Thusnelde bleibt aber dabei das schablonenhafte Heldenweib, ohne wohlthuende Sorge etwa um das Leben des Geliebten. Segest stört ihre gehobene Stimmung, um Thusnelden aus diesem bedrohten Haine wegzuführen, und erwartet mit ungeheuchelter Schadenfreude das Unterliegen der Cherusker.

Da erhebt sich im Grimme die alte Adelheid zu frischerem Schwung:

> Ist diess verrätrisch Blut, das für die Freyheit träuft?
> Ist das ein tolles Volk, das so zum Treffen läuft?
> Die edler Muth regiert, die nennest du Verräther?
> Und Sklaven schmückt dafür der Name meiner Väter?
> Ihr, die ihr Knechtschaft wünscht, und träge Werke thut!
> Wofern auf eurer Schaar das deutsche Volk beruht,
> So wohnt in Deutschland nicht die Hoheit grosser Seelen,
> Von der die Barden oft, doch ach! umsonst erzählen;
> So sind die Deutschen nichts, als Knechte voller Trug,
> Nur zu der Bosheit kühn, und zum Gewinnste klug;
> So ist das deutsche Volk die schlechtste Last der Erde,
> Und unwerth, dass es noch ein Volk geheissen werde.
> Doch Deutschlands Name kömmt auf deine Rotte nicht,
> So gross ihr Führer auch von ihrer Anzahl spricht.
> Diess Land wird immer noch ein ähnlich Bild der Alten,
> Ein würdiges Geschlecht Thuiskons aufbehalten.
> Die sind das deutsche Volk! — Nonnt ihr euch, was ihr seyd;
> Erkaufte Sklaven Roms voll fauler Niedrigkeit u. s. f.

Schmerzlich bewegt, weil ihre Kindespflicht sich nicht mit der Liebe zum Vaterlande vereinigen lässt, bemüht sich Thusnelde vergeblich, den Vater der guten Sache zu gewinnen. Der Frauen Gespräch unterbricht Flavius, der, bestürzt und von Reue gequält, die Nachricht von dem Weichen der Deutschen bringt und jetzt noch Segest zur Teilnahme am Kampfe mit fortreissen möchte. Diese Idee, anfänglich die Römer siegen zu lassen, entstammt dem Campistron (V, 2). Die Frauen überhäufen den Verräter mit verdienten Vorwürfen und eilen selbst zum Kampfplatz, um die Ihrigen anzufeuern.

Im fünften Aufzug bestürmt Flavius immer noch vergeblich den Segest, den selbst der Gedanke an die Gefährdung Thusneldens nicht rührt:

> Ein Fürst hat weder Kind noch Vater.

Immer klarer durchschaut Flavius das Verbrecherische dieses Verhaltens und wirft dem Segest wortreich die Schuld daran vor. Als er forteilen will, noch in letzter Stunde den Seinen, besonders dem Vater, beizustehen, bringt Adelheid die Nachricht, dass der greise Sigmar, ihr Gemahl, den Heldentod gefunden, dass aber auch der Kampf in höchster Not durch Siegmund, Segests Sohn, sich wieder zu gunsten der Deutschen gewandt habe, da dieser gegen den väterlichen Befehl seine Männer in die Schlacht geführt habe. Schon kommt auch der Cattenfürst mit der Siegesbotschaft und nimmt die beiden Verräter gefangen. Während Flavius zerknirscht den Tod fordert, sucht sich Segest als schuldlos hinzustellen, wird aber von Flavius entlarvt, und als er hört, Thusnelde sei im Kampfe gefallen, ist sein Trotz und seine Hoffnung gebrochen, da er nun gegen Herrmann keine Deckung mehr hat. Das spannende Motiv des angeblichen Todes der Thusnelde, die auch Lohenstein in Ritterrüstung am Kampfe teilnehmen lässt, fand sich in der ersten Bearbeitung noch nicht. Der Sieger kommt, beklagt den Tod der Braut, begnadigt die Verräter. Aber auch die Trauer, die sich in die Siegesfreude mischte, schwindet. Im letzten Auftritt führt Siegmund die totgeglaubte Schwester Herrmann in die Arme, der das Stück mit den Worten schliesst:

> Es kröne Deutschland stets ein Ruhm, der uns nicht weicht,
> Ein Glück, wie unsers ist, ein Muth, der eurem gleicht!

Den Hauptfehler des Stückes, den Mangel an Handlung, hat schon Mendelssohn in seiner Besprechung desselben im 311. Litteraturbriefe bei aller Anerkennung der mechanischen Regelmässigkeit, der geschickten Versifikation, der trefflichen Gedanken betont. Man verlangt am Anfang einen äussern Anlass zu der Erbitterung und zu dem Befreiungskampf der Deutschen, man will etwas Empörendes mit erleben, was gerade jetzt den Groll gegen Varus zum Ausbruch bringt und uns lebhaft für die Deutschen Partei nehmen lässt. Lohenstein liess den römischen Feldherrn einer deutschen Fürstin nachstellen und sie zum Selbstmord treiben, um die Empörung auflodern zu lassen; eine tolle Erfindung, aber für ein Drama vortrefflich. Die Gewissenhaftigkeit scheint Schlegel ein so starkes Abweichen von den Quellenberichten verboten zu haben. Wenn er dasselbe Ziel durch des Varus Aufforderung an die Fürsten, ihn bei der Unterdrückung eines aufständischen Bruderstammes zu unterstützen, zu erreichen glaubte und deshalb die Thorheit des Römers von Herrmann zu einer frevelhaften Beleidigung stempeln lässt, so war das nur ein matter Ersatz: denn die Kurzsichtigkeit des Varus wird beim Zuschauer Bedauern, nicht Zorn wecken. Da Segests verräterischer Plan, die Fürsten in die Hände des Prätors zu spielen, an dessen allzugrossem Vertrauen scheitert, die Lage demnach unverändert bleibt, so ereignet sich eigentlich vor der Schlacht nichts, und diese selbst geht hinter der Bühne vor. Es wies also schon die Anlage des Stücks von vornherein breiteren Reflexionen und Disputationen den freiesten Spielraum zu. Ihr Vorherrschen hat das Stück frostig gemacht; andererseits bot aber die Einfachheit der Handlung dem jungen Dichter mehr als bisher Gelegenheit, sich in der ausgeführten Zeichnung von Charakteren zu üben, zu denen ihm die Quellen doch nur die Grundlinien liehen. Prächtige Gestalten voll edler, kräftiger Begeisterung für die deutsche Heimat sind der greise Sigmar und seine Gattin Adelheid. Gelungen ist auch der junge Siegmund, der sich nach schwerem innern Kampfe zwischen Kindespflicht und Vaterlandsliebe gegen den verräterischen Vater erklärt und den Freiheitskampf entscheidet. Nicht auf gleicher Höhe stehen dagegen Herrmann und Thusnelde, die nichts weniger als charakteristische nationale Gestalten, sondern Typen, Tugendschablonen sind, wie sie das klassische Drama der Franzosen geschaffen hatte; wir bekommen, je länger, je mehr, Herrmanns hier und da etwas grosssprecherische patriotische Ergüsse satt; „wenn heldenmütige Gesinnungen Bewunderung erregen sollen," sagt Lessing in der Besprechung von Cronegks ‚Olint und Sophronia‘, „so muss der Dichter nicht zu verschwenderisch damit umgehen; denn was man öfters, was man an mehreren sieht" (und Sigmar, Siegmund, der Catten-, der Chauzerfürst, alles sind ja Helden Herrmannschen Schlages), „hört man auf zu bewundern." Überdies bildet das Liebespaar — als solches übrigens so ganz ohne natürliche, zärtliche Leidenschaft, dass man das Urteil der Franzosen über das Stück: froide et ennuyeuse versteht — nicht den psychologischen Mittelpunkt der Handlung und des Interesses, was schon Söderhjelm S. 102 betont; sie sind trotz des Titels nicht eigentlich die Hauptpersonen, da ihr Charakter sich nicht entwickelt, da sie keinen ernsten Konflikt zu bestehen haben. Ganz anders Flavius und Segest. Die tragischste Figur ist Flavius, der zwischen Rom und der Heimat, zwischen Liebe und Ehre zu wählen hat und doch nicht zur Entscheidung kommt, in seiner Mischung von Rührseligkeit und Verliebtheit, grundedler Gesinnung und Unentschlossenheit freilich ein echter Sprössling der französischen Tragödie, von deren Einfluss sich Schlegel im ‚Herrmann‘ insofern allerdings wieder etwas freier gemacht hat, als er an die Stelle der unerträglichen, farblosen ‚confidents‘, an denen noch seine ersten Dramen leiden, charakteristisch gefärbte, thätig eingreifende Personen von Interesse zu setzen sich bemüht hat. Die seltsamste Gestalt des ‚Herrmann‘ ist Segest, freilich noch halb und halb ein misslungener Versuch, was bereits Mendelssohn empfand. Dass er durch und durch ein Schurke ist, reimt sich zwar nicht mit den Forderungen des Aristoteles, indessen wir liessen es uns vielleicht gefallen: „aber je verderbter (bei lasterhaften Charakteren) das Herz ist, desto verschlagener muss ihr Verstand, desto unergründlicher ihre List seyn, damit sie furchtbar werden. Ein dummer unthätiger Bösewicht erreget Abscheu und Verachtung, und um tragisch zu seyn, sollte er Abscheu und Furcht erregen. Segest ist so thöricht als niederträchtig, verrätherisch und zugleich unthätig." Thöricht ist er, wenn er seinem Sohne, der eben des Vaters jesuitische Grundsätze mit Abscheu zurückgewiesen hat, seinen verräterischen Plan enthüllt, ohne dass dieser ihm dabei helfen soll. Unthätig ist er, wenn er „vergnügt und ruhig durch den Hain irrt", nur damit während der Schlacht jemand auf der Bühne ist, und wenn er es unterdess geschehen lässt, dass ihm sein Sohn und seine Truppen untreu werden. Wie viel dramatischer Lohensteins abenteuerlicher Gedanke, den Segest in der Schlacht mit seinen Männern zum Varus übergehen und dann von seiner eigenen Tochter gefangen nehmen zu lassen! Kurz, man wird Mendels-

sohn beistimmen, der trotz aller Vorzüge im Ausdruck und in den
einzelnen Gedanken den ‚Herrmann' doch den ‚Trojanerinnen' an
Wert nicht gleichstellt und der Meinung ist, das Stück sei besser
zu lesen als zu sehen. Schlegel hat die Schwächen desselben selbst
empfunden, wenn er in dem Brief an Gottsched vom 2. April 1744
(Seeliger, S. 184) das Trauerspiel zu den minderwertigen fabulas
„moratas" rechnet, „die ohne grosse Verwirrung und ohne hefftige
Stürme der Affecten auf eine sanftere Art bewegen und desto mehr
Zeit zum Unterrichten lassen sollen."

Das Stück hat die Vergessenheit verdient. Der junge Dichter
scheiterte an der Schwierigkeit des Stoffes. Ein Befreiungskampf
ist dem epischen Dichter ein willkommener Gegenstand; zu einem
dramatischen Ganzen lässt er sich schwer zusammendrängen.
Trotzdem bedeutet das Stück einen Schritt vorwärts auf des
Dichters eigner Bahn und über Gottsched hinaus: die Wahl
eines vaterländischen Stoffes, der Reichtum an treffenden Gedanken, die sorgfältige, hier und da fast zu gewählte Art des
Ausdrucks, der Versuch, wirklich Charakterfiguren zu zeichnen
und die gestaltlosen Nebenpersonen zu verbannen, das sind geringe Verdienste eines Anfängers, von denen doch die Litteraturgeschichte Notiz nehmen wird, wenn sie jedem, der am Aufbau
der Litteratur mitgearbeitet, für seine Leistungen gerecht werden
will.

‚Canut'. — Als der Aufenthalt in Dänemark Schlegel auch
auf die ältere nordische Geschichte führte, fand er sie „so fruchtbar an Charactern und an grossen Begebenheiten, dass er dadurch Lust bekam, auf einem Felde Blumen zu brechen, welches
die Dichtkunst bisher meistentheils unberührt gelassen hatte" (Vorrede der ‚Theatralischen Werke'). So boten sich ihm beim Lesen
des 10. Buches der dänischen Geschichte des ‚Saxo Grammaticus'[1])
in der freundlichen, ruhmreichen Gestalt des Königs Canut des
Zweiten und in seinem ehrgeizigen, aufrührerischen Widerpart

---

[1]) In der Frankfurter Ausgabe von 1706 S. 175 ff.

— petulans ingenium, sagt Saxo —, dem finstern, trotzigwilden Ulfo ein paar Charaktere, die der dramatischen Behandlung wohl wert schienen. Während eines Landaufenthaltes im Sommer 1746, nachdem in seinen Arbeiten das Trauerspiel längere Zeit hinter den ästhetischen Fragen und dem Lustspiel zurückgetreten war, machte er sich an die neue Aufgabe und teilte bereits am 8. Oktober Bodmer eine Szene aus dem dritten Aufzuge mit (Stäudlin, S. 43). Das Stück erschien zuerst einzeln 1746, wurde auch nachgedruckt, eröffnete dann 1747 die ‚Theatralischen Werke‘, eine Sammlung eigner dramatischer Arbeiten, die er in Kopenhagen veröffentlichte, und wurde mit kleinen Veränderungen vom Bruder im ersten Bande der ‚Werke‘ wieder abgedruckt. Das Stück ist, wie Söderhjelm (S. 106, Anm. 19) angiebt, viel gespielt worden: auch Ekhof hat den ‚Canut‘ gespielt. Goethe hat ihn als Knabe einmal mit aufgeführt (‚Wahrheit und Dichtung‘, Buch 4).

Der Verlauf der Handlung, zum grössern Teil der Erzählung bei Saxo entsprechend, ist folgender: Ulfo hat unter Vorspiegelung eines Befehles von König Canut dessen fernweilende Schwester Estrithe geheiratet, hat sich dann, von Ruhmgier, seiner einzigen, aber übermächtigen Leidenschaft, getrieben, gegen Canut empört, freilich ohne dauernden Erfolg und kehrt nun nach einem abenteuerlichen Flüchtlingsleben an dessen Hof zurück, um, wie er wenigstens Estrithen glauben lässt, die Verzeihung des Königs zu erbitten. Während sie, die den Gewaltsamen liebt, die ihm mit blutendem Herzen in den Kampf gegen ihren Bruder gefolgt ist, nichts sehnlicher wünscht, als Friede zwischen Bruder und Gemahl zu stiften, spricht er im ersten Auftritt, der uns das Ehepaar eben im Schlosse Canuts angekommen zeigt, mit der ihm eignen Brutalität zum Entsetzen Estrithes seine bisher verhaltene wahre Absicht aus, nicht sich dem Könige zu beugen, sondern „hier selbst, in seinem Sitz, ihm Feinde zu erwecken" und ihn zu stürzen. Er lässt sie in einem qualvollen Zustande zurück:

> Wie grausam martert mich der Streit von meinen Pflichten.
> Gilt hier der Liebe Recht? Gilt hier die Schwestertreu?

Lessing und Weisse hätten sich hier einen wirkungsvollen Monolog nicht entgehen lassen, Schlegel vermeidet ihn noch und führt Gunilde, eine matte Vertrautenrolle, ein, welcher Estrithe ihren Entschluss zu erkennen giebt, dem stolzen Gemahl Demütigungen zu ersparen und alle Schuld an seiner Empörung auf sich zu wälzen.

Im zweiten Aufzuge entlarven die Erzählungen der ahnungslosen Schwester dem Canut, dessen friedlicher Sinn zur Verzeihung gern bereit ist, den Ulfo von neuem als Frevler: den Befehl, welchen der König ihn einst an seine ferne Schwester überbringen liess, sie möge thun, was Ulfo wolle, hat dieser schamlos ausgebeutet und sie zur Ehe gezwungen. Doch spricht sich Canut darüber nur dunkel aus, um die geprüfte Estrithe nicht von neuem zu betrüben, die freilich schon neues Unheil ahnt. Dafür belehrt sie ein ruhigeres Gespräch mit Godewin, ihrem frühern Verlobten, der durch seine edle ritterliche Haltung uns schon im ersten Aufzug gewonnen hat, dass ihr Ulfo von ihm als einem Feigling im schottischen Kriege ein lügnerisches Zerrbild entworfen habe, um ihr den ersten Geliebten zu verleiden. Ulfo hat die Stirn, nicht nur sich zu diesem „Kunstgriff" zu bekennen, sondern obendrein in des Königs Schloss einen Versuch zu machen, dessen treuesten Diener zur Empörung gegen seinen Herrn aufzufordern. Godewin dringt auf Zweikampf, zu dem ihm Ulfo folgt; doch gesteht er noch vorher der jammernden Estrithe, die ihn, Aufklärung über Canuts dunkle Worte fordernd, zurückhält, kaltblütig den Betrug ein, durch den er sie zum Weibe gewonnen. So sehr sie dieser Einblick in das verbrecherische Gemüt des Gatten mit Schauder erfüllt, kann sie sich doch von ihm nicht losreissen und eilt zum König, dass er den grausamen Zweikampf hindre.

Beim Beginn des nächsten Aufzuges vermittelt Canut, der Mitleid mit den Seelenqualen der Schwester fühlt[1]), noch einmal

---

[1]) Es ist nicht ersichtlich, warum Schlegel Ulfos und Estrithens Söhnchen Sueno unerwähnt lässt. Saxo sagt geradezu, Estrithe habe durch Hinweis auf dies Kind den Bruder mitleidig gestimmt: subolis intercessu viro fratris

nachsichtig zwischen den Streitenden, ja, um sich Ulfos Herz zu gewinnen, giebt er ihm den unbeschränkten Oberbefehl über ein bereits marschfertiges Heer, das einen jungen Slavenfürsten, Godschalk, wieder in sein Land führen soll. Da werde wohl sein Ehrgeiz Befriedigung finden:
> Hier, Ulfo, hast du nun ein Feld für deinen Ruhm,

denn:
> Ein Sieg scheint dir nicht Sieg, ist er nicht gänzlich dein.

Damit scheint der Konflikt friedlich gelöst. Aber ein kurzer Monolog Ulfos am Schlusse des Aktes enthüllt uns seinen Plan, mit diesem Heere Canut selbst zu stürzen.

Er will den König ins Heerlager locken und dort sich seiner Person versichern. Aber der junge Godschalk, den er zuvor für sein Unterfangen zu gewinnen sucht, indem er ihn auf Canuts gefährliche künftige Nachbarschaft hinweist, deren er sich jetzt am besten entledigen könne, lässt den Verräter im Stich und giebt ihn der verdienten Bestrafung preis. Knirschend wendet sich Ulfo, bereits gefesselt, an das Schicksal (IV, 4):
> Zu neidisches Geschick, das meine Werke störet!
> Wird meine Ruhmbegier denn nie von dir erhöret?

und vorher:
> Was hilft es, dass ein Herz der Trieb nach Ehre rührt,
> — — — — — — — — — — — — — —
> Wenn es der schönsten That stets an Gehülfen fehlt?

Noch einmal giebt der milde König dem Schmerz der Schwester nach; doch soll der unbeugsame Ulfo selbst Verzeihung erbitten. Aber die Klagen und Vorwürfe der Gattin (V, 2):
> Wie lange suchst du Ruhm auf einer falschen Bahn?,

ihr verzweifeltes Verlangen, er solle sie töten, die milden Vor-

---

gratiam conciliavit; benovolentiam enim quam Kanutus . . . Ulvoni . . . . denegavit, consanguineae sibi prolis respectui tribuendam putavit. Wie dankbar war dieses Motiv, besonders auch, um die Anhänglichkeit Estrithens an Ulfo wahrscheinlicher zu machen! Wie frostig klingt dagegen die Begründung ihrer Anhänglichkeit bei Schlegel:
> Sieh doch! dies Herz, das du geraubt, gequält, betrogen,
> Wird immer noch zu dir bloss durch die Pflicht gezogen.

stellungen Godewins rühren ihn nicht; trotzig will er den Tod, wenn ihm keine rühmliche Laufbahn winken soll. Und als Canut, des Widerrufs gewärtig, erscheint, schleudert ihm Ulfo, statt sich zu unterwerfen, den Hohn eines Siegers entgegen, schildert die Schlacht, in der durch seine List des Königs ganzes Heer dereinst ertrank. Da wäre Mitleid Verbrechen.

> Er müsse durch sein Blut der Welt die Lehre geben:
> Wer nicht will menschlich seyn, sey auch nicht werth, zu leben,

schliesst Canut sein Todesurteil. Noch vor Vollzug der Strafe fällt Ulfo, der einem seiner Wächter das Schwert entrissen, im Zweikampf mit Godschalk, auf den er sich in einem Anfall von Wut gestürzt hatte. Canut schliesst mit Trostworten an die Schwester und einem haec fabula docet:

> — — Bezwing dich nur! — Wie dauert mich sein Blut!
> Warum entstellte doch die Untreu seinen Muth!
> Doch ach! die Ruhmbegier, der edelste der Triebe,
> Ist nichts als Raserey, zähmt ihn nicht Menschenliebe.

Bei Saxo zieht sich Ulfo sein Todesurteil zu, indem er bei einem Gastmahle in Roeskilde trunken jenen Sieg am Helgaflusse über Canuts Heer in einem Liede zu verherrlichen wagt. Über seinen Tod fehlen genauere Angaben. Saxo sagt nur in seiner etwas gesuchten Weise: „Ita dum aliena fata parum sobrie meminit, sua cecinit."

Die Stimmen der zeitgenössischen Kritik über den Wert des Stückes und seiner Hauptpersonen waren geteilt. Nicolai nannte in den ‚Briefen über den itzigen Zustand der schönen Wissenschaften in Deutschland' 1755 (S. 121) den ‚Canut' „das einzige gewissermassen vollkommene Stück, das wir mit den Trauerspielen der Ausländer vergleichen können", hatte aber bereits 1757 in seiner Abhandlung vom Trauerspiele im ersten Bande der ‚Bibliothek der schönen Wissenschaften und freyen Künste' (S. 39) manches daran auszusetzen: der Titel müsse ‚Ulfo' lauten, denn Canut sei ein Charakter ohne Leidenschaft und Entwicklung, die Exposition sei frostig, das Stück gehöre zu jener wenig empfehlenswerten Gattung von Trauerspielen, die nicht Schrecken und Mitleiden, sondern lediglich Bewunderung für den Helden erwecken; aber es sei ein missratenes Beispiel dieser Gattung, weil man sich eben für Canut gar nicht erwärmen könne, Ulfo aber, ohne Mitleid zu erregen, einem verdienten Tode verfalle, und das Geschick Estrithens unbestimmt bleibe. Wahrhaft tragisch — so fährt er mit einem etwas phantastischen Vorschlage fort — hätte die Handlung durch eine geringe Veränderung werden können, wenn nämlich Canut seinen Fehler, in allzugrosser Vertrauensseligkeit dem Ulfo ein Heer zu überlassen, büssen müsste, aber sterbend jenem verzeihe, während Ulfo durch Godewin falle und diesem dann Estrithe zu teil werde, nachdem sie ihrem Schmerz über den Doppelverlust Ausdruck gegeben habe. Während Nicolai dem Charakter des Ulfo wegen seiner Heldenhaftigkeit Beifall zollt, urteilt Hagedorn in einem Briefe an Bodmer vom 14. September 1747 (Litterarische Pamphlete S. 101), er sei „so ausserordentlich gebildet, dass auch die, welche des Verfassers dramatische Arbeiten allen anderen deutschen vorziehen" (gemeint sind wohl Zinck und der Hamburger Kreis), „mit diesem Charakter höchst unzufrieden sind." In der That, die Gestalt des Ulfo, die offenbar im Mittelpunkt des Interesses steht, weil sie allein Fluss in die Handlung bringt, ist zwar ein kühner, achtungswerter Versuch des Dichters, eine cäsarische Natur zu zeichnen, die dem Wahlspruche getreu handelt: lieber in einem Dorf der Erste, als in Rom der Zweite, aber sie ward bei der Ausführung doch zu einem Zerrbilde. Ein Mensch, der nichts Heiliges achtet, der mit verbrecherischer Gesinnung schamlose Frechheit paart, von „Ehrsucht" getrieben sich Betrug des eignen Weibes, einen Mordanschlag auf seinen König und Schwager, Verleumdung eines trefflichen Helden, Aufreizung zur Empörung, und das alles in des Königs eignem Schlosse zu schulden kommen lässt, würde nur unsern Abscheu erregen, wenn wir ihn noch für zurechnungsfähig halten könnten. Litt schon Segest an Unwahrscheinlichkeit, so ist die Steigerung des lasterhaften Typus im Ulfo ein Unding und in demselben Mass erscheint Estrithens Neigung zu ihrem Gatten unwahrscheinlicher als Thusneldens Kindesliebe, zumal weniger dämonische Leidenschaft als nüchternes Pflichtgefühl sie an Ulfo kettet, wie ihr Vernünfteln beweist (III, 2):

> So vieles kostet mir das unglücksvolle Band,
> Worin mich sein Betrug ohn meine Neigung wand,
> Das ich beweinen muss, und doch aus Pflicht noch liebe,
> Das, litt ich auch noch mehr, mir doch stets heilig bliebe.

Immerhin ist sie die tragische Person des Stückes und die am kräftigsten gezeichnete Frauengestalt Schlegels.

Rein technisch betrachtet steht ‚Canut‘ weit über ‚Herrmann‘: die einfache Handlung, rascher als gewöhnlich fortschreitend, die geringe Personenzahl lässt die Entwicklung schnell übersehen; die Einheit des Orts braucht nicht mit so viel Unwahrscheinlichkeiten erkauft zu werden wie dort; vor allem ist die Sprache natürlicher, flüssiger, nicht gesucht sententiös. Freilich an den langen, kunstvollen Perioden erkennt man die sorgfältige Ausarbeitung, für die auch das Vorhandensein eines frühern Entwurfs der ersten Szenen spricht.

‚Lucretia‘. — Ähnlich wie ‚Dido‘ entsprang der prosaische Entwurf zu einem fünfaktigen Trauerspiel ‚Lucretia‘ dem Wetteifer mit einem andern Bearbeiter der Liviuserzählung, dem Tassoübersetzer Koppe, dessen misslungene ‚Lucretia‘ von seinen Freunden, vielleicht bei einer Erörterung der Frage in der Gottschedischen Rednergesellschaft, mit der Sprödigkeit des Stoffes entschuldigt wurde. Schlegel wollte durch seinen Entwurf beweisen, dass der Gegenstand doch dramatisch sei und sich behandeln lasse, ohne dass man das Zartgefühl verletze. Sein Stück setzt am Morgen nach der Gewaltthat des Sextus Tarquinius im Hause der Lucretia ein: der hochmütige Prinz erzählt seinem edler denkenden Bruder Lucius seine Grossthat und lässt sich auch durch die strafenden Worte der Tullia, der Schwester Lucretias, nicht die Siegerstimmung verderben. Vergeblich versucht man, die bleiche, gebrochene Lucretia zu trösten. Der

Anblick des abreisenden Prinzen und die Nachricht von der Betrübnis der Tochter lassen die herbeieilende Mutter der Lucretia, Servia, das Unheil schon ahnen, über das ihr dann im dritten Aufzuge aus Lucretias Munde schreckliche Aufklärung wird; aber noch will sie dem eintreffenden Gemahle Lucretius, den sein Freund Valerius begleitet, nichts verkünden, bevor nicht der Lucretia eigener Gatte Collatin da ist. Im vierten Aufzug nimmt, ähnlich dem Gottschedischen ‚Cato‘, Lucretia Abschied von den sonst so lieben Räumen, die ihr jetzt nur ihre Schmach predigen, und als Collatin mit Brutus kommt, enthüllt sie den vier Männern im Anfang des fünften Aufzugs das Geschehene. Während in wuchtiger Rede Brutus zum Sturze der Tyrannen auffordert, hat sich Lucretia im Nebengemach den Tod gegeben; bei ihrem Leichnam schwören die künftigen Befreier Roms Rache.

Wie Schlegel Koppes Drama, so hatte dieser Schlegels Lucretia kritisiert. Ein Antwortschreiben des Dichters, in dem er sich gegen Koppes Einwürfe verteidigt, hat der Herausgeber der ‚Werke‘ im Vorbericht erhalten. Daraus ergiebt sich für uns, dass die Auffassung des Rivalen, dessen Stück nicht gedruckt worden ist, die treffendere gewesen zu sein scheint. Er hatte die Erzählung vom Beginne der Liebe des Sextus bis zum Tode der Lucretia geführt. Schlegel findet darin eine Verletzung der Einheit der Handlung: denn, führt er sophistisch aus, eine Handlung fängt da an, wo die Gedanken einer Person sich auf den Zweck zum ersten Male richten, der den Hauptinhalt der ganzen Handlung bildet; mit der Erreichung dieser Absicht hört aber auch die Handlung auf; demnach ist bis zum Vollzug des Verbrechens Sextus die Hauptperson, von da bis zum Schlusse ist es dagegen Lucretia, so dass eine zwiespältige Handlung entsteht. Sein Stück beginne erst nach der Gewaltthat und füge als natürliche Folge noch den Ausblick auf eine Sühnung des Frevels durch die Vertreibung der Könige hinzu, was bei Koppe fehle. Freilich muss er auch die Berechtigung von Koppes Tadel zugestehen, die Handlung in seiner ‚Lucretia‘, erst nach der That des Tarquinius beginnend, sei etwas unfruchtbar und leide an nicht wenig „müssigen Szenen", während gerade im ersten Teile des Koppeschen Stückes sich einige „bewegliche Szenen", freilich auf Kosten der Regelmässigkeit, heraushoben. Die Handlung ist allerdings bei Schlegel ganz dürftig. Nur dadurch, dass in jedem Aufzug dieselbe Geschichte geheimnisvoll einer neuen Person erzählt wird, schleppt sich das Stück bis zum fünften Aufzug hin, wo ihm Lucretia — etwas theatralisch — erst in dem Augenblicke ein Ende macht, der alle künftigen Rächer und Befreier Roms um sie versammelt. Matt und müssig wie die Mehrzahl der Szenen sind auch die zahlreichen Vertrautenrollen: dem Sextus ist sein Bruder Lucius, der Lucretia die Schwester Tullia, der Mutter Servia die Sklavin Tusca beigegeben, der Vater Lucretius bringt den Valerius, Collatin den feurigen Brutus mit. Daran erkennt man schon, dass der Entwurf den früheren Jahren zuzuschreiben ist. Es entstand, wie der Vorbericht zum ‚geschäfftigen Müssiggänger' andeutet, gleichzeitig mit diesem Lustspiel und dem ‚Herrmann', also etwa 1741, aber es bleibt weit hinter diesem zurück. Schlegels Sextus Tarquinius ist ein abscheulicher Wüstling, dessen verbrecherische Handlung wir nicht begreifen, weil uns deren Ursachen dunkel bleiben. Wenn auch nur ein Funken Interesse für ihn geweckt werden sollte, mussten wir seine Leidenschaft erwachen und wachsen sehen. In ihr liegt, wie Koppe richtig fühlte, der Keim der tragischen Entwicklung, in ihr allein eine Art Entschuldigung für die That. Der Versuch that Schlegel selbst nicht Genüge; denn die Ausarbeitung in Alexandrinern ist über die erste, aus dem Nachlasse in den Vorbericht gerückte Szene nicht hinausgekommen, und, nach dieser zu urteilen, würde das Werk in gebundener Form, entsprechend der Natur des Alexandriners, wohl noch breitspuriger geworden sein, als es sich schon in dem erhaltenen Entwurfe ausnimmt, dessen schlichte Prosa sich freilich auch nirgends zu echter Leidenschaft erhebt, sondern in tadellos gebauten Sätzen ohne Inversion und Kühnheiten im Ausdruck dahingleitet.

,Gothrika'. — Unter den Papieren des Verstorbenen fand sich ferner die dramatische Bearbeitung eines altnordischen Stoffes, der Entwurf der ‚Gothrika', eine seiner letzten Arbeiten, die nur auf drei Aufzüge berechnet gewesen zu sein scheint; für die letzten Szenen des dritten Aufzugs liegen nur die Personenüberschriften vor. Der Entwurf ist in schmuckloser Prosa geschrieben, die sich aber hier und da, zum Beispiel in den Reden der Gothrika, zu einem gewissen Pathos steigert. Die einfache Handlung spielt sich nur unter fünf Personen ab.

Die Grossen Cimbriens drängen ihre schon mehrfach verwitwete Königin Gothrika, dem Lande wieder einen Fürsten zu geben, der, wie sie wünscht, nicht ein kampflustiger Friedensstörer, sondern ein Wächter des innern Friedens werden soll. Da der herrschsüchtige Hothar, eine Ulfonatur, ihr fast drohend eine Erklärung macht, Gothrika aber sich von seinem gewaltsamen, rohen Wesen abgestossen fühlt, beschliesst sie, lieber vom Throne zu steigen. Der edeldenkende Teil der Grossen, durch Erich vertreten, sucht sie davon abzuhalten, weil dann das Land ein Spielball der Parteien werden würde, Hothar aber, der den Thron und ihre Hand nicht fahren lassen möchte, will sie im Verein mit der Priesterin Runhilde hindern, die Krone niederzulegen. Hothars Grundsätze sind dabei von denen Ulfos nicht sonderlich verschieden; so sagt er im vierten Auftritt des ersten Aufzugs: „Es sey Gewalt das Gesetz unter uns! Wer Kraft und Muth hat, verdient zu befehlen, und wer zu schwach ist, sich zu vertheidigen, ist schon durchs Schicksal von seiner Geburt an verdammt, unterdrückt zu werden."

Der zweite Aufzug zeigt Gothrika in zorniger Erregung über Hothars Drängen, der ihr im Namen des Volkes das Niederlegen der Krone verbietet, andrerseits für seine zahlreichen rühmlichen Thaten Belohnung, das heisst die Krone, verlangt. Zu seinen unehrerbietigen Vorwürfen gesellt im zweiten Auftritte Runhild, ein hochfahrendes, tückisches Weib, die ihrigen, so dass Gothrika sie stolz zu den Altären ihrer Götter zurückweisen muss: „Und wenn du deinen Mund zum Lehren brauchen willst, so lehre die Völker, dass sie das Ansehen der Fürsten verehren, und zeige ihnen nicht durch dein Beispiel, die Macht derer mit Füssen zu treten, deren Unterthan du so, wie sie, bist." Tödlich beleidigt — ein Monolog verrät uns ihre Stimmung deutlicher — beschliesst die Priesterin mit Hothar den Sturz der Herrscherin. Er soll Feinde ins Land rufen, sie will das Volk gegen die Königin hetzen durch Hinweis auf den Zorn der Götter, der, wie sie dem Hothar Anfang des dritten Aufzugs versichert, nur durch das Blut der Königin zu versöhnen sei. Während er eilt, eine eben im Hafen einlaufende Flotte — seine Helfer, wie er glaubt — zu begrüssen, sie, den Dolch unter dem Mantel, sich auf der Bühne verborgen hält, dringt Erich in Gothrika, der überhandnehmenden Verwirrung im Lande durch schnelle Wahl ein Ende zu machen. Als sie ihm ihre Hand anbietet, weist er sie zurück, da ein Herrscher ohne königliches Blut von den Grossen nie anerkannt werden würde. Doch erinnert er an einen Sprössling des alten Königsstammes, der vor Zeiten in die Ferne gezogen sei. Ihn müsse man suchen, ihn dem Volke als seinen zukünftigen König nennen. — Die letzten Szenen fehlen. Aber aus den Personenangaben erraten wir den Verlauf der Handlung: Dritter Auftritt: Gothrika, Runhilde (mit einem Dolche), offenbar eine leidenschaftliche Racheszene, die mit einem Attentate zu enden droht, als — vierter Auftritt: Gothrika, Runhilde, Odin — der Retter erscheint, nicht ein Verbündeter Hothars, der wohl schon gefesselt liegt, sondern der noch eben fern geglaubte Königssohn. Daher: fünfter Auftritt: Gothrika, Odin. —

Handlung und Charaktere erinnern sehr an ‚Canut': eine edle Herrscherin hat unter den Nachstellungen eines Bösewichts zu leiden; ihr steht, wie dort Godewin dem Canut, ein treuer Diener zur Seite; dem Bösewicht ist hier noch ein gehässiges Weib zugesellt, deren Gestalt, nach den erkennbaren Umrissen zu schliessen, eine bedeutende Leistung geworden wäre. Alle Charaktere halten sich in den Grenzen der Wahrscheinlichkeit, ohne dass einer nur zur begleitenden Nebenperson herabsänke.

Ein längerer Monolog (II, 4) wird gewagt. Müssige Szenen und „orakelhafte Sinnsprüche" sind vermieden. Im Hinblick auf diese Vorzüge möchte man sich fast Söderhjelms Urteil (S. 108) anschliessen, dass die ‚Gothrika' vielleicht Schlegels bestes Stück geworden wäre; indessen dass ein wie im Märchen auftauchender Prinz als deus ex machina der im Tugendweiss gemalten Königin und ihrem Getreuen zum Siege gegen das schwarze Rebellenpaar verhilft, ist doch eine recht äusserliche Lösung eines zu wenig spannenden Konfliktes. Wenn derselbe Kritiker in Rücksicht auf die breite Anlage der ersten Szenen und auf die übliche Länge der Trauerspiele gegen Heinrich Schlegels ausdrückliche Angabe an fünf geplante Akte denkt, so würde freilich die Breite der letzten Akte unerträglich geworden sein, wenn man nicht an eine neue Verwicklung denken will. Fein ist dagegen die Bemerkung, dass der Dichter wohl das Stück in Alexandriner umwandeln wollte, da sie hier und da schon zwischen der Prosa herausklingen, z. B. (I, 1):

Ist denn die Wahl so leicht, die ich zu treffen habe?

Das ist ja auch um so wahrscheinlicher, als Schlegel, wie sein Bruder im Vorbericht zu der ‚Lucretia' sagt, „in einer so erhabenen Gattung der Poesie, als das Trauerspiel ist, die Versifikation immer für nötig gehalten hat."

‚Die Braut in Trauer'. — Diese freie oder, wie sich der Bruder ausdrückt, „auslassende" Bearbeitung einer 1697 in fünffüssigen ungereimten Iamben verfassten Tragödie Congreves ‚The mourning bride', ein Fragment, das im zweiten Aufzuge abbricht, scheint Schlegels letzter dramatischer Versuch gewesen zu sein; wenigstens teilte er erst am 6. September 1748 Bodmern den Beginn dieser Arbeit und einen Teil der ersten Szene mit (Litterar. Pamphlete a. d. Schweiz. Zürich 1781. S. 127). Das Fragment ist in mehr als einer Hinsicht ein bemerkenswerter Fortschritt. Schon in der Wahl des Stückes, das er einer Umarbeitung für die deutsche Bühne würdig erachtete, wich er von seinem bisherigen Wege ab. In seinen eignen Dramen hatte er sich, oft zu gewissenhaft, nur an überlieferte Erzählungen aus Geschichte und Sage gehalten: das Congrevesche Stück bot einen völlig frei erfundenen, romantischen Stoff, es spielt an dem Hofe eines nicht näher bestimmten „Königs von Granada". Keine Rücksicht mehr auf die Einheit des Orts: die Szene spielt zuerst im Königspalaste, dann zur Nachtzeit auf dem Friedhofe; weitere Szenen des Originals gingen im Gefängnis vor. Die Liebe, gegen deren Herrschaft auf der Bühne Gottsched oft geeifert hatte (so in den Vorreden zum ‚Cato' und zum fünften Teil der ‚Schaubühne') und die von Schlegel bisher, mit Ausnahme der ‚Dido', gleichfalls wenig verwertet worden war, ist hier die überwiegende Leidenschaft, das Treibende in der Handlung. Zwei trefflich gezeichnete Frauengestalten stehen im Vordergrunde des englischen Originals; die weiblichen Figuren waren Schlegel bisher nur selten gelungen; jetzt merkt man an der ‚Almeria', wie eifrig er von den englischen Dramatikern lernte, wie er bemüht war, Versäumtes nachzuholen. Vor allem aber fällt der Fortschritt in Sprache und metrischer Form ins Auge. Indem Schlegel — es geschah hier zum ersten Male in einem deutschen Theaterstück — den fünffüssigen Iambus an Stelle des Alexandriners setzte, machte er zugleich allen sprachlichen Härten und Unarten, die eine Folge dieses fremden Metrums gewesen waren, ein Ende und schuf bereits in der ‚Braut in Trauer' eine flüssige, knappe Sprache, die ein natürlicher Ausdruck der Gedanken war. Und gerade die Sprache ist bei diesem Fragment das Selbständigste an der Bearbeitung: denn sie steht im Gegensatz zu dem englischen Vorbilde, das sich in ungemessner Breite und übertriebenen Gefühlsausbrüchen verliert. Ja, in einem Punkte geht Schlegel noch über den nach Gottscheds Begriffen schon „unregelmässigen" englischen Dichter hinaus; er lässt die steifen Anreden „Madame" u. s. w. fallen, begnügt sich mit „Freundin" und ähnlichem, setzt „du" für „you" und ist so auf bestem Wege, „die werthen Prinzessinnen" des Gottschedischen Alexandrinerzopfes zu beseitigen. Wie tragisch, dass gerade jetzt der Tod dem Dreissigjährigen die Feder aus der Hand nahm, als er im Begriff war, eine neue, verheissungsvolle Bahn einzuschlagen!

Der Inhalt des Stückes, soweit es vorliegt, ist kurz der: Almeria, die Tochter des Königs von Granada, ist früher von einem feindlichen Könige erbeutet, aber edel behandelt worden und hat sich mit dem Sohne dieses Königs, Alfonso, verlobt. Als das Glück sich zu gunsten ihres Vaters wendet, wird sie befreit, jener feindliche König gefangen und in den Kerker geworfen, wo er stirbt, Alfonso aber scheint beim Kampfe den Tod in den Wellen gefunden zu haben. In tiefer Trauer um ihn zeigt uns die erste Szene die Almeria, deren Freundin Leonora sie umsonst mit Saitenspiel und freundlichem Zuspruch zu trösten sucht. Als Beispiel für die Art der Bearbeitung — und im Beginne schliesst sich Schlegel noch enger an das Original an als später — diene eine Gegenüberstellung der englischen und deutschen Anfangsworte:

> Music has charms to sooth a savage breast,
> to soften rocks, or bend a knotted oak.
> I've read, that things inanimate have moved,
> and, as with living souls, have been informed,
> by magic numbers and persuasive sound.
> What then am I? Am I more senseless grown
> than trees, or flint? O force of constant woe!
> 'tis not in harmony to calm my griefs.
>
> Wo ist denn nun der Sayten Zauberkraft?
> Man sagt, Musik rührt auch die wildsten Herzen,
> Macht Eichen biegsam und die Felsen weich,
> Und wirkt Gefühl in Dingen, die nicht fühlen.
> Was bin denn ich? Bin ich denn tauber noch,
> Als Holz und Stein, dass mein zu mächtig Leid
> Kein süsser Klang in Schlummer wiegen kann?

Die Sprache erhebt sich hier und da zu wirklichem Schwung, zum Beispiel:

> Zwar du bist todt, Alfonso, ach Alfonso!
> Die wilde Fluth verbirgt dich meinem Blick:
> Doch nichts entreisst dich meinem Angedenken:
> Nein, ich will stets dein lebend Denkmaal seyn.

> Dein Grab ist nicht das Meer, das dich verschlungen.
> In meiner Brust, da ist dein Grab, da, da
> Bleibt dein geliebtes Bild stets eingedrücket,
> Auch todt bist du mein Liebstes, mein Gemahl.

Ihr Vater, der siegreich aus einem Maurenkriege zurückkehrt, ist entrüstet über das Trauergewand der Tochter an einem solchen Freudentag:

> Wer ist diess, den der schwarze Flor umhüllt?
> Wer grämt sich hier an meinen Freudentagen? —
> Ist diess Almeria? Setzt sie der Pracht,
> Die mich umkränzt, ihr Trauerkleid entgegen?

Er macht sie von neuem unglücklich, indem er den Sohn seines Günstlings, einen wackeren Degen, mit ihrer Hand belohnt, während er selbst von Liebe zu seiner schönen Gefangenen, der Maurenkönigin Zara, gefesselt wird. In deren Gefolge aber und von ihr geliebt, hat Alfonso, der flüchtige Prinz, der Geliebte Almerias, als Maure verkleidet, gefochten und ist gefangen worden. Im zweiten Aufzuge finden sich die Liebenden am Grabmale von Alfonsos Vater wieder.

Mit dieser Szene bricht Schlegels Bearbeitung ab. Schade, dass wir nicht wissen, wie er die weitere opernhafte Liebesintriguenverwirrung des englischen Originals, über dessen Wert sich Lessing in der ‚Theatralischen Bibliothek‘ im dritten Stück (Hempel XI, 1, S. 715) mit Recht ungünstig ausspricht, vereinfacht und geniessbar gemacht haben würde.

Noch mancher Entwurf blieb unausgeführt. Die Professur, die Schlegel während seiner letzten Lebensjahre in Sorö bekleidete, gönnte ihm nur wenige Mussestunden für seine Lieblingsbeschäftigung. Von einem geplanten Trauerspiel ‚Otto von Wittelsbach‘, auf das ihn wohl die Quellenstudien zu seinem Epos ‚Heinrich der Löwe‘ führten, spricht der Bruder im Vorbericht zum ‚Herrmann‘. — Etwas mehr wissen wir von dem schon erwähnten seltsamen Einfall, in einer Tragikomödie ‚Der Gärtnerkönig‘ die hervorstechendsten Schwächen der neuesten deutschen

Theaterstücke zu verspotten; Schlegel hat sich selbst darüber in zwei Briefen an Bodmer, vom 15. April 1747 (Stäudlin S. 52) und vom 18. September 1747 (Schnorrs Archiv XIV, S. 51), eingehend ausgesprochen. Die Erzählung bei Curtius IV, 1, 15—26 (auch bei Justin XI, 10, 8—9) sollte in der Art verwertet werden, dass der brave Gärtner Abdolnim, der in seiner volkstümlichen, kernigen Sprache zu reden hätte, die ihm von Alexander angebotene Krone von Sidon besonders auf Drängen seiner ehrgeizigen Frau annimmt, „welche sich ein Ansehen nach der grossen Welt geben will und alle die gezwungenen und übelangebrachten Ausruffungen der neueren deutschen Tragödien, das precieuse Wesen der Panthea und alle wunderliche Aufführung eines Frauenzimmers, das zu hohem Stande gähling gelanget ist, nachahmet." „Ein Petit-Maitre im Lager Alexanders, welcher sich für einen Sohn des vertriebenen Königs von Sidon (ausgäbe), wäre eine vollkommene Kopie eines schlechten tragischen Helden"; er müsste sich um des Gärtners Tochter bewerben, um König zu werden; diese aber liebt einen braven Hirten, der sich schliesslich als echter Königssohn entpuppt, während der alte Abdolnim froh ist, seine lächerliche Königsrolle wieder aufgeben zu dürfen. Doch scheint Schlegel über die paar Verse nicht hinausgekommen zu sein, die er bereits im ersten jener Briefe an Bodmer mitteilt und die sein Bruder am Ende des zweiten Bandes der ‚Werke' abgedruckt hat.

Die Übersetzung der ‚Elektra' des Sophokles in gereimten Alexandrinern und — bei den Chorpartien — in gereimten lyrischen Versmassen eigner Wahl, die Schlegel in den Jahren 1740—41 (Vorbericht zum ‚Herrmann') im Auftrage Gottscheds anfertigte, der sie ursprünglich im ersten Bande der ‚Schaubühne' hinter der Poetik des Aristoteles als praktisches Beispiel für deren Lehren veröffentlichen wollte, sie aber dann sechs Jahre lang behielt, ohne Gebrauch davon zu machen, — diese Übersetzung ist kaum zu den selbständigen dramatischen Arbeiten des Dichters zu rechnen und kommt nur für seine Sprache in Betracht.

Schlegels Theorie des Dramas ist seiner Praxis weit vorangeeilt. Nur zaghaft und allmählich versuchte er, die Anschauungen, die er sich über Zweck und Wesen des Dramas, über den Wert der äussern Regeln des französischen Theaters, über echte tragische Sprache durch gründliches, von feinem Gefühle für das Schöne geleitetes Studium besonders der Griechen und später der Engländer gebildet hatte, in seinen Dramen zu verwirklichen. Und als er die Lehrjahre hinter sich hatte, als er mit der ‚Braut in Trauer' nun endlich kühn mit dem lästigen Regelzwang der alten Schule zu brechen begann, ward seinem Schaffen zu früh ein Ziel gesetzt. Trotzdem lässt sich in der Reihe seiner Jugenddramen schon ein Aufsteigen zu dieser Freiheit verfolgen, trotzdem heben sich dieselben in mancher Hinsicht vorteilhaft von den Erzeugnissen der Gottschedischen Muse ab. Schlegel war seinem Lehrer ja besonders durch seine Kenntnis und sein Verständnis der griechischen Tragiker überlegen. Wie fein sein Gefühl für deren Vorzüge war, beweisen seine ästhetischen Schriften, die erste, ein Brief über die Trauerspiele der Alten, nicht minder wie seine letzten; die Wahl eines malerischen und doch auch wahrscheinlichen Schauplatzes, eine sorgfältige Exposition, scharfe, kontrastierende Charakteristik der Personen, für die besonders seine Anmerkungen zur Elektraübersetzung ein tiefes Verständnis offenbaren, die Einfachheit der Handlung wie die edle Einfalt der Sprache, das alles lernte er an ihnen als nachahmenswert schätzen. — An griechische Vorbilder, nicht wie Gottsched lediglich an französische, lehnte er sich bei seinen ersten dramatischen Versuchen an in der Erkenntnis, dass, wie er in der Vorrede zu den ‚Theatralischen Werken' (Neudruck S. 192) sagt, „die Nachahmung der Alten allezeit der sicherste Weg zum Ruhme gewesen sei." Freilich, dem Einflusse der herrschenden französischen Vorurteile und Musterstücke wagte er sich erst allmählich zu entziehen. Wenn auch seine prosaischen Schriften, besonders die ‚Gedanken zur Aufnahme des dänischen Theaters', die Einheiten des Ortes und der Zeit als minder wesentliche, äusserliche Regeln hinstellten, so hat er sich doch in seinen Trauerspielen und nicht zu deren Bestem, wie besonders die Inhaltsangabe des ‚Herrmann' gezeigt hat, ihrem Zwange gewissenhafter als die Franzosen selbst gefügt, die oft durch einen möglichst vieldeutigen lieu théatral sich die Schwierigkeit erleichterten. Auch die Szenenbindung, die Hedelin (l. III, ch. VII) ebenso wie Gottsched (Crit. Dichtk. II, XII) unbedingt forderten, hat er gewahrt, freilich vermied er die lästige Eintönigkeit, mit der Gottsched das Eintreten einer neuen Person durch den Ausruf einer der eben auf der Bühne beschäftigten Personen: „Doch dort kommt — —" und ähnlichem anzukündigen pflegt. Auch das ziemlich mechanische Verfahren, mit dem Gottsched, zum Beispiel in der ‚Parisischen Bluthochzeit', bis zur Mitte des Aufzugs die Personen häuft, um sie im zweiten Teil desselben dann decrescendo eine nach der andern wieder abtreten zu lassen, stört bei Schlegel selten. Ensembleszenen haben beide möglichst vermieden und sich dadurch einer wohlthuenden Abwechslung beraubt. Ein Vorzug der spätern Stücke Schlegels, des ‚Herrmann', des ‚Canut', der ‚Gothrika', ist die sparsame Verwendung der matten Vertrautenrollen des klassischen französischen Dramas. Hand in Hand damit geht der Versuch, dem von Hedelin nur ausnahmsweise gestatteten Monolog, z. B. in der ‚Gothrika', zu seinem Recht zu verhelfen. Gottsched hat ihn, mit Ausnahme des grossen, einfach von Addison herübergenommenen Monologs im fünften Aufzuge des ‚Cato', zu vermeiden gesucht. Ferner hat Schlegel da, wo sein Stück nur eine Bearbeitung bereits vorhandener dramatischer Werke war, sich bewusst verbessernd, vielfach neu schaffend, jedenfalls viel freier den Vorbildern gegenübergestellt, als Gottsched, dessen ‚Iphigenie' eine wässerige Übersetzung der Racineschen, dessen ‚Sterbender Cato' eine Zusammenschweissung der Stücke des Deschamps und Addison ist; ‚Agis' und die ‚Bluthochzeit' lehnen sich eng an die historischen Quellen, Plutarch und Thuanus, an, die ‚Bluthochzeit' folgt, in den ersten Akten wenigstens, nicht selten wörtlich ihrer Quelle. Wie sorgsam schuf dagegen der jugendliche Schlegel in seinem ‚Orest und Pylades' und in den ‚Trojanerinnen' die

Quellenstücke um! Die Gründlichkeit des Arbeitens tritt bei
Schlegel gegenüber Gottscheds prahlerischer Leichtfertigkeit besonders in der Wahl des Ausdrucks, im Ausfeilen von sprach-
licher und metrischer Form der Dichtungen hervor. Das breite
Tugendgeschwätz des ‚Cato‘ und der ‚Panthea‘ hält einen Vergleich
mit den knappen, gewählt ausgedrückten Gedanken etwa des
‚Herrmann‘ nicht aus. Dass trotz solcher Vorzüge im einzelnen
gerade in bezug auf die Sprache Schlegel doch formell Gottschedianer blieb und vielmehr eine niedergehende Periode ab-
schliessen als eine neue Ära der Dichtersprache, wie sie dann
mit Klopstock begann, heraufführen half, daran ist, wie das
nächste Kapitel erweisen soll, besonders der Umstand schuld,
dass er nicht früher mit dem Alexandriner zu brechen wagte.
Aber nicht nur das hat seine Dramen, die besten seiner Zeit,
ebenso der Vergessenheit verfallen lassen, wie die Gottscheds
und seiner Schüler; man empfindet beim Durchlesen derselben
eine gewisse Leere, weil ihnen die Glut hinreissender Leidenschaft, die schwungvolle Kraft eines genialen Wurfes fehlt, weil
ihr Verfasser zu jenen anspruchslosen „sani poetae" des Horaz
zählte, „die durch Genauigkeit und immer gleiche mässige Leb-
haftigkeit die blendenden Schönheiten eines auffahrenden Feuers
ersetzen", ein Urteil über die Natur Schlegels, wie es schon
einer der berufensten Zeitgenossen, Mendelssohn, im 312. Litteraturbriefe treffend in die Worte gefasst hat: „Ich verspreche
mir fast mehr von den prosaischen Schriften des Herrn Schlegel
als von seinen Poesien. Diese scheinen durchgehends mehr gesunde Philosophie und Kritik als poetisches Feuer, mehr Ein-
sichten als Genie zu verraten. — — — Mit Geschmack, Ver-
nunft und Kritik kann man ein sehr guter Dichter werden; aber
man besitzet deswegen noch kein poetisches Genie."

III.

Sprache und metrische Form der Trauerspiele.

Es fällt uns heute schwer, die Vorzüge und Schattenseiten der Sprache in Schlegels Dramen unbefangen zu würdigen. Unserem Geschmacke erscheint mancher Ausdruck abgegriffen und matt, manches ungeschickt oder schwülstig, was in jener Zeit auch bei strengen Kunstrichtern kein Missfallen erregte; andrerseits gelingt es uns oft kaum, die Gründe zu finden, die etwa den Schriftsteller bewogen, beim Ausfeilen den Ausdruck eines Verses in bestimmter Weise zu ändern, oder wir können dem Kritiker jener Tage nicht nachfühlen, der bald eine Redensart als kriechend, bald ein kühnes Wort als pöbelhaft und unerhört bezeichnet.

Die Sprache in den Dramen Gottscheds und Schlegels scheint dem unkritischen Leser von heute gleich breit, gleich hölzern, gleich gequält. Wenn aber die Zeitgenossen, hier und da freilich gegen Gottsched ungerecht, des Älteren Sprache einstimmig verurteilen, wie etwa Pyra in seinem ‚Erweise' (besonders S. 69 ff.) oder Nicolai im 13. seiner ‚Briefe' (S. 146), während sie den tragischen Ausdruck des Schülers loben, ihn selbst wie Nicolai in seiner ‚Abhandlung vom Trauerspiele' (S. 57) „einen Meister in der tragischen Sprache" nennen, so liegt in diesem Widerspruch die Aufforderung, das Verhältnis zwischen beiden auch in bezug auf die Sprache genauer zu beleuchten. Für das Sprachgefühl der Zeitgenossen, das bei einer gerechten Beurteilung als Massstab zu berücksichtigen ist, bieten gleichzeitige Kritiken über den Ausdruck im allgemeinen oder in einzelnen Dichtungen einigen Anhalt, wie sie z. B. Schlegel in der Vorrede zu seinen ‚Theatralischen Werken‘, Pyra in seinem ‚Erweise‘, Nicolai und Kästner gelegentlich gegeben haben.

Dass der Sprung von der Sprache des ‚Sterbenden Cato‘ zu der des ‚Herrmann‘ immer unbedeutend erscheinen wird im Vergleich zu der Kluft, die diesen von Miss Sarah Sampson trennt, dass in formeller Hinsicht Schlegel doch weit mehr noch Gottschedianer blieb als in seinen ästhetischen Schriften oder in Bau und Gestalt seiner Dramen, das erklärt sich in erster Linie aus dem Festhalten am Alexandriner, dessen ungünstige Rückwirkungen auf Satzbau und Ausdruck in gleicher Weise bei dem Lehrer wie bei dem Schüler zu spüren sind, nur dass der letztere immer mehr sich von den Gebrechen dieser „regelmässigen" Sprache überzeugte, mit heissem Bemühen sie zu heilen suchte und schliesslich mit dem fremden Versmasse ganz brach, während Gottsched zu eigensinnig und zu kurzsichtig war, um die eingefahrenen Gleise zu verlassen.

Was in Gottscheds[1]) und Schlegels Dramen unserem Ohre grammatisch Abweichendes auffällt, zu erörtern, ist hier nicht beabsichtigt; es gehört zum guten Teile dem ganzen Kreise ihrer Mitlebenden, oft auch noch den nächsten Jahrzehnten, an.

Im dramatischen Wortschatz jener Zeit erscheint manches noch in anders gefärbter Bedeutung, in anderem Gefühlswerte als heute; manches gilt für erlaubt im hohen Stil, was seitdem vom Kothurn zum Soccus hat herabsteigen müssen; manches für schwungvoll, was heute derb gescholten wird. Diese Altertümlichkeiten finden sich reichlicher bei Gottsched als bei Schlegel. Hier einige Beispiele aus beiden: schmeissen: Dido II, 5 „Hätt' eine Welle dich an einen Fels geschmissen"; ebenso Bluthochzeit V, 3. Ersaufen, ersäufen und schlachten, von Menschen gebraucht: Canut I, 1 „es schwimmen in der Fluth, durch meine List ersäuft, die Völker des Canut"; Troj. II, 3 wünscht Kassandra den

---

[1]) Den Gottschedischen Stücken werden im folgenden die Dramen seiner Frau, besonders die ‚Panthea‘, zugerechnet, da sie sprachlich auf gleicher Stufe stehen.

Griechen: „ein Theil ersaufe hier"; Troj. IV. 4 „um Trojas Rest zu schlachten"; dies auch Cato IV, 3, Elektraübers. S. 432 u. oft. Laufen, rennen: Troj. III, 4 „vergnügt zum Tode laufen"; Herrm. III, 4 „nach dem Ruhme laufen"; ebenso Agis V, 11. Herrm. V, 1 „dann heiss mich in den Tod und nach Thusnelden rennen". An rennen nahm aber schon Kästner in der Besprechung eines elenden dramatischen Machwerks Anstoss (Crit. Beytr. VII, S. 25 ff.), und Schlegel selbst bezeichnete den Vers Dido II, 2 (ein Volk, das) „wilder, als ein Ross, auf seinen Rossen rennet" in der Handschrift als verbesserungsbedürftig. Toben, rasen, Wuth, Raserey sind Lieblingsausdrücke Gottscheds: Agis IV, 6 „mein Schwäher wird auf mich, als seinen Eidam, toben"; Cato IV, 3 „so soll durch Gluth und Eisen Sich lauter Mord und Wuth in Deinem Lager weisen"; Herrm. III, 5 „uns aber soll der Hayn Ein Reiz zu edler Wuth und kühnem Hoffen seyn". Schluss und Entschluss (Herrm. IV, 3 „den frechsten Schluss vollstrecken"), Ruf und Gerücht (Can. II, 4 „wer hat den Ruf erdacht"), Glimpf und Gnade (Troj. IV, 5 „war diess dein falscher Glimpf"), Glück und Geschick (Herrm. V, 2 „o welch verfluchtes Glück hat meinen Zweck zerstört"), Zeitung, Post und Nachricht werden nebeneinander gebraucht; im einzelnen Falle entscheidet oft das metrische Bedürfnis.

Gemeinsam sind beiden ferner gewisse naive Anachronismen, die, zumal bei antiken Stoffen, unserem Gefühle widerstreben, so wenn Andromeda, Thusnelde u. a. mit „Prinzessinn", männliche Personen mit „mein Prinz", „mein Herr" angeredet werden, wenn der sprachreinigende Gottsched, allerdings nicht sehr glücklich, im Cato (II, 2 u. III, 3) den Konsul Cäsar als „Bürgermeister" aus „Welschland" bezeichnet, und wenn die heidnische Unterwelt, sogar in der Elektraübersetzung, geflissentlich in die „Hölle" umgewandelt wird: so wird Troj. V, 2 von Astyanax gesagt: „die Hölle hat ihn schon", Hekuba klagt V, 4: „O, welch ein Höllengeist hat mich so hintergangen", u. oft.

Aber auch im eigentlichen Stil, in der Wahl der Redewendungen, der Metaphern u. s. w. hat sich Schlegel noch nicht

von Gottsched losgemacht, der, wie sein Vorbild Boileau dem Marinismus, mit stolzem Bewusstsein dem Schwulst und der Wörterpracht, dem „Phöbus und Galimathias" der Schlesier entgegentreten wollte. Freilich
souvent la peur d'un mal nous conduit dans un pire!
Indem er, getreu dem Satze Boileaus:
qui ne sait se borner, ne sut jamais écrire,
der überschäumenden Phantasie in Wortschöpfung und Bilderjagd einen Damm zu setzen sich bemühte, verlor er den anderen beherzigenswerten Spruch:
quoi que vous écriviez, évitez la bassesse
oft aus den Augen und geriet in das naturalistische Fahrwasser Weises. Zwar in seiner Theorie hatte er verlangt, dass ein Dichter „sich durch eine edle Art des Ausdruckes in Hochachtung setzen und gleichsam die Sprache der Götter reden" solle, dass er daher „nicht die allgemeinsten, sondern die ungemeinsten Wörter brauchen" müsse (Crit. Dichtk. I, VII, 7), und für Ode und Trauerspiel insbesondere forderte er „eine pathetische, feurige oder affectuöse Schreibart, die allezeit voller Figuren und verwegener Ausdrückungen" sein und einer „hitzigen Unbedachtsamkeit folgen" müsse (Crit. Dichtk. I, XI, 25). Mit feinerem Sprachgefühl, bei gründlicheren Studien hatte auch Schlegel seinerseits auf induktivem Wege eine Fülle von Erkenntnissen über die Mängel der bisherigen und das Wesen der echt tragischen Schreibart gewonnen und sie in seinen theoretischen Schriften ausgesprochen. In der Praxis aber, im Banne des Reims und des Alexandriners, irregeleitet durch das selbstgeschaffene Glaubensbekenntnis, die Nachahmung der Natur sei das erste Gesetz der Ästhetik, ist er doch im Grunde matt und pedantisch geblieben wie Gottsched, und schliesst mit diesem die Periode der Dichtersprache ab, die mit Opitz begonnen hatte. Erst mit Klopstocks Hexametern steigt eine ganz neue Sprache, verwegen in der Wortschöpfung, kühn in der Stellung, kraftvoll im bildlichen Ausdruck, herauf, eine Sprache, die Boileau entsetzt zu der „Muse déréglée" gezählt haben würde.

An Gottscheds dramatischem Stil ist von den Zeitgenossen, auch von Schlegel selbst in der Vorrede zu den ‚Theatralischen Werken', besonders das „Niedrige, Kriechende, Pöbelhafte" gerügt worden. In der That, der Gegensatz zwischen den erhabenen Königs- und Feldherrngestalten und ihrer hausbackenen, unbeholfenen, oft nachlässigen Ausdrucksweise wirkt mitunter geradezu komisch. Nicht selten ist Flüchtigkeit beim Arbeiten, meist aber wohl Mangel an feinem Gefühl für den wahren tragischen Ton schuld daran, so in den trivialen Versen der Panthea II, 2:

> So wie der König lebt, so lebt das Volk, im Sause;
> Kein Mensch denkt an den Krieg; er denkt, er sey zu Hause.

Oft aber hat er das niedere Umgangsdeutsch, zumal landläufige, kernige Sprüche und derbe Bilder absichtlich verwertet. „In solchen Redensarten nun," sagt er rechtfertigend in der ‚Deutschen Sprachkunst' (S. 534), die S. 537—53 eine grosse alphabetisch geordnete Sammlung von Kernreden und Sprichwörtern enthält, „besteht aller Sprachen wahre Stärke; und wer sich ihrer geschickt und am gehörigen Orte zu bedienen weiss, der zeiget sich als einen Meister in denselben." Er hatte offenbar Sinn für die gesunde, kräftige Ausdrucksweise des Volkes, nur war es geschmacklos, gerade das Drama zu einem Ablagerungsplatz für die derben Wendungen der Umgangssprache zu machen. — Hier einige Beispiele: Agis IV, 6 „wird das der Pöbel sehn, So wird ihm schon die Lust zur Meuterung vergehn"; Cato spricht I, 4 seinen Wahlspruch aus: „Was recht und billig ist, sonst rührt mich nichts auf Erden! Tyrannen helfen sich durch Schand und Laster auf, Doch wer die Tugend liebt, geht lieber selbst darauf". In derselben Szene heisst es recht fuhrknechtmässig: „Da schlüge Jupiter mit Blitz und Donner drein!" Öfter findet sich eingehen im Sinne von vereitelt werden, zu Grunde gehen. Bluthochzeit I, 3 „Sonst geht der Bürger Heil, der Prinzen Wohlfahrt ein"; ebenda IV, 7 „Sonst geht die Ehrfurcht auch bey unsern Bürgern ein"; Cato IV, 1 zu seinem Sohn: „Hast du dich auch vergafft?"; ebenda I, 3 „Ich hab es auch geglaubt und

konnte nichts davor"; I, 2 „Ich ward ihm spinnenfeind";
II, 1 „Ihr wisst, wer Fürsten dient, hält gerne reinen Mund";
II, 5 „Pharnaces ist zu frech"; IV, 2 sagt der enttäuschte Por-
tius, der in der bisherigen Geliebten seine Schwester erkennt:
„Nun ist es zwar entdeckt, doch anders, als ich dachte: Indem
ich mir auf euch ganz andre Rechnung machte"; IV, 3 sagt
Cäsar: „Das ungereimte Ding will mir durchaus nicht ein";
Bluthochzeit II, 7 „die Zeitung, liebster Prinz, fällt schrecklich
in die Ohren"; ebenda I, 2 „Calvins verfluchte Pest, die Genf
und Deutschland hecket"; III, 2 „was Groll und Wuth für An-
schläg ausgeheckt"; V, 6 „mir schauert selbst die Haut" u. s f.
In besonders abstossenden Kraftausdrücken wird Bluth. V, 3
die barbarische Ermordung Colignys geschildert. Es ist nicht zu
unterschätzen, dass Gottsched auf diese Weise den unnatürlichen
Phantastereien und Sprachverkünstelungen der Schlesier etwas Ge-
sundes, Natürliches entgegensetzen wollte. Hier und da schwebte
ihm dabei Luthers kräftige Sprache vor, wie direkte Anklänge
beweisen: Saamen im Sinne von Geschlecht, die Feinde
dämpfen und ähnliches kommt öfter vor. Bluth. III, 1 (hier
muss man) „Bey Tauben Einfalt auch der Schlangen Klugheit
nehmen"; ebenda III, 3 „Sind wir denn Lämmer nur, die man
zur Schlachtbank führet"; Cato I, 4 „Der lenkt ohn Unterlass
mein Tichten und mein Trachten".

Schlegel hat das Unschickliche dieser Kernreden im Drama
von vornherein erkannt; schon in der Besprechung des Klajschen ‚Herodes' 1741 tadelt er solche Ausdrücke wie: jemandem
das Handwerk legen, feige Mämme; später an der Borkschen
Übersetzung des ‚Julius Cäsar' in der ‚Vergleichung des Shakespeare mit Gryphius' 1741 solche wie Bärenheuter, Schlüngel,
schier dich weg und ähnliche niedrige Wörter und Wendungen,
„welche der Übersetzer den Grossen, die er abbilden soll, in den
Mund leget." Freilich hat er dann auch den Reiz der kraft-
vollen Bildersprache Shakespeares nicht empfunden, wenn er sagt,
die edlen Regungen, die er wecke, reisse der Dichter durch seine
niedrigen Bilder immer wieder ein. Er geht ferner in seinem

strengen Stilgefühl offenbar zu weit, wenn er (Neudruck S. 178) die sprichwörtlichen Redensarten ganz ausschliesst, wenn er sogar Wörter wie **Weib** und **Freyer** verwirft, die er schliesslich doch selbst anwendet, so Herrm. V, 4 „wie starb die edelste von allen Weiberseelen?" — Er hat demnach alle Redensarten im Stile der oben angeführten Gottschedischen vermieden und selbst an Stellen, wo die Leidenschaft stärkere Ausdrücke forderte, sich die wirksamen Kraftwörter Gottscheds versagt. Wenn z. B. im Cato IV, 3 Portia ihren Liebhaber einen „verdammten Bösewicht" nennt und dann zu Cäsar sagt: „Geh, Unmensch! geh, Tyrann! du bist ein Wüterich!", wenn in der Bluth. V, 7 König Karl den Prinzen Condé einen „Starrkopf", Agesistrata im Agis V, 2 ihren Bruder eine „verdammte Missgeburt" nennt, wenn im Cato mehrfach (II, 2. II, 4) ein „unverschämtes Maul" sich hören lässt, so wird die „unbändige Tigerzucht", wie Dido II, 5 nach Virgils Worten den Äneas bezeichnet und die Anrede der Hekuba an die Griechen Troj. III, 5 „erhitzte Tigertiere" und V, 7 „Tiger" ziemlich das einzige der Art bei Schlegel sein, und auch an diesen Stellen half ihm vielleicht erst der Vorgang Racines (Horace II, 7. IV, 5 „tigre altéré de sang") über Bedenklichkeiten hinweg. Dagegen hat sein Feingefühl das bei Gottsched so häufige **frech** und **unverschämt** verabscheut. Im ‚Herrmann' und ‚Canut' sind solche gröbere Ausfälle ganz vermieden. Manches Herbe, das uns noch in dem Drucke der ‚Schaubühne' entgegentritt, erscheint in den ‚Werken' gemildert, offenbar nach Schlegels eigenhändigen Verbesserungen. So Dido IV, 2 in der ‚Schaubühne': „wenn mein verzweifelnd Herz Den Ursprung seiner Pein, den **Henker**, der es kränket . . .", in den ‚Werken', ohne den pöbelhaften **Henker**, aber um so matter: „den, der durch Untreu mich bis zur Verzweifung kränkt". So wird Dido IV, 6 für **Eingeweyd Brust** eingesetzt und ähnliches. Ja, er ging in der strengen Einschränkung wohl zu weit, wenn er das Wort **Bubenstück** in seiner Vorrede verfehlmte, das viermal im Cato vorkam, das aber auch Lessing wieder im Nathan I, 5 mehrfach anwendet.

Man sieht, ein feineres Stilgefühl bewahrte den Schüler

vor mancher Geschmacksverirrung des Lehrers. Freilich triviale, breite Wendungen, zum Teil Folgen des Alexandriners, hat Schlegel nicht ganz vermieden, wenn ihn auch sein unermüdlicher Fleiss und die klare Erkenntnis von dem hohen Werte eines würdevollen Ausdrucks für die Wirkung eines Trauerspiels, sein eifriges Studium der Alten und Racines, dessen Schwung und „délicatesse" in der Wahl der richtigen Tonart er mit feinem Verständnisse zu würdigen und nachzuahmen verstand (Neudruck S. 180), oft vor den Flüchtigkeiten Gottscheds bewahrte. Schon in dem Brief an Gottsched vom 2. April 1744 weist er zur Rechtfertigung seines von diesem verkannten ‚Herrmann' darauf hin, dass die Majestät des Trauerspieles sich grösstenteils durch eine sorgfältige Ausarbeitung der Form erhalte; in der Vorrede zu den ‚Theatralischen Werken', die ausführlich die Anforderungen an die tragische Sprache erörtert, sagt er unter anderm (Neudruck S. 174): „Nun sind es lange nicht so sehr die Sachen, die ein Mensch saget, als vielmehr die Art, womit er sie sagt, woraus man seine Gedanken über einen Menschen fasset," oder (S. 183): „Sachen, bey denen es nichts zu denken giebt, kann man nie zu kurz sagen." Er hält ein feines Abtönen des Ausdruckes je nach der Stimmung oder dem Charakter des Sprechenden für eine wesentliche Pflicht des dramatischen Dichters (S. 188): „es ist kein nöthigerer Kunstgriff in der Schreibart als dieser, den Ausdruck nach der Materie einzurichten", (S. 189): die Sprache in einer Kampfszene klinge anders als die eines Liebesgespräches. Er bekennt, dass er diese Gedanken ausser dem Racine besonders dem Longin und den griechischen Tragikern abgelauscht habe. — Aber hinter der tiefen theoretischen Einsicht des feinfühlenden Beobachters blieb die Fähigkeit, sie zu verwirklichen, oft zurück. Trotz seiner unermüdlichen Übungen im Übersetzen scheint es Schlegel sehr schwer geworden zu sein, immer den treffenden Ausdruck zu finden, und naturgemäss weisen die früheren Stücke mehr Missgriffe auf als die letzten. Ungeschickt klingt der Ausdruck Orest und Pylades I, 5 (das Totenopfer) „bringe dir ... von meiner Schwestertreu, von meiner Qual um

dich die werthe Nachricht bey". Ähnlich Dido I, 1 „Mein Mund
.... fluchet jener Jagd, Da wir uns allererst von Liebe vorgesagt". Trivial ist Dido I, 3 „Mein Abschied komme mir auch noch so sauer an" oder Troj. I, 4 „Man sieht, dass Troja nun von dir nichts hoffen kann. Weil es im Staube liegt, geht es dich nichts mehr an". Flüchtigkeiten, wie Bluth. IV, 2 „Fürwahr der Friedensschluss, den du nur jüngst geschlossen", wird man bei Schlegel kaum finden.

Andrerseits erhebt sich Schlegels Sprache nicht selten zu wahrem Schwung, beispielsweise in den lyrischen Stellen der Elektraübersetzung, so S. 476:

> Es wandeln schon im Hause drinnen
> der Frevelthat Begleiterinnen,
> der Höllen unvermeidlich Heer.
> Der Träume dunkles Bild hat mir es prophezeyt,
> und die Erfüllung ist nicht weit u. s. w.

Freilich spürt man oft die mühevolle Arbeit heraus, und es gilt, besonders für den ‚Herrmann', das Wort Quintilians (IV, 3, 102): „in his rebus cura verborum derogat affectibus fidem, et ubicunquo ars ostentatur, veritas — — abesse videtur". Auch entging Schlegel, indem er sich bemühte, nirgends so sehr die Würde der tragischen Sprache zu vergessen wie sein Meister, der andern Gefahr nicht immer, sich gesucht auszudrücken, hier und da sogar dunkel zu werden. „J'évite d'être long et je deviens obscure", warnt Boileau. Die Neigung zu Antithesen, wie sie auch das französische Drama liebte, das einzige, was Nicolai in der ‚Abhandlung vom Trauerspiele' der Sprache Schlegels vorzuwerfen hat, die Vorliebe für epigrammatische Kürze, die im schroffsten Gegensatz zu Gottscheds „klarer Wassersuppe ohne Fett" stand, spricht sich z. B. in den häufigen Stichomythien aus, die er dem Euripides ablernte, wenn freilich auch die Franzosen diese Gesprächsform hie und da (so Racine Iphigénie II, 2) anwendeten. Die umfänglichste und an gedankenvollen Antithesen reichste dieser Wechselreden findet sich Herrm. I, 2 in dem Gespräch zwischen Sigmar und Flavius, andere Orest und Pylades V, 5; Herrm. III, 1; Can. I, 2; III, 3 und sonst. Zu Antithesen forderte schon die Natur des Alexandriners mit seinen zwei gleichgrossen Hälften heraus, die daher auch gern mit demselben Worte begonnen werden, z. B. Herrm. I, 1 „Als Jüngling war ich frey, als Greis soll ich noch dienen"; Can. I, 1 „Vom Schicksal kömmt der Thron, von uns die Ehre her"; oder Herrm. I, 1 „Mein Rath soll deinen Arm, dein Arm den Rath beleben"; Herrm. V, 4 von der totgeglaubten Thusnelde: „Ihr Tod betrübet mich, die Art davon vergnüget"; Can. I, 1 „Kein Unglück ist so gross, als lebend todt zu seyn"; Herm. II, 4 „Wer nicht Roms Laster hat, braucht Roms Gesetze nicht" u. s. f. Gekünstelt und daher auf den ersten Blick nicht verständlich sind Stellen wie Herrm. IV, 3 „Dann stürz ihr freches Beil auf meine kalten Glieder, Dass ich begraben sey, geweihte Bäume nieder". Canut I, 3 meint Godewin mit den Worten „Kein unbeugsamer Stolz bekrönt mich in Gedanken", er sei nicht so stolz, wie Ulfo, der sich im Geiste immer schon gekrönt sehe. Ebenda III, 1 sagt Estrithe zu Canut von Ulfo: „Er sterbe, soll es seyn, im rühmlichen Gefechte, Als Schild des Vaterlands, als Opfer deiner Rechte". Die letzten, unklaren Worte sollen wohl heissen: als Opfer deines königlichen Rechts, ihn in den Kampf schicken zu dürfen. Can. V, 3 „Erkenn' entwaffnet noch des Überwinders Hand", wo „entwaffnet" als Accusativ zu „Hand" gehört. In diesem und andern Fällen übertrat Schlegel auch die Vorschrift Gottscheds, freier stehende Partizipien nicht zu verwenden. Dieser erklärte im fünften Hauptstück der Syntax seiner Sprachkunst ‚Von Fügung der Mittelwörter' Wendungen wie „erschreckt durch deine Worte, kann ich dir nicht antworten" oder „zu schwach, eine Schlacht zu liefern, zog er sich zurück" bald für eine altväterliche Nachahmung der Griechen und Römer, die wider den natürlichen Schwung unserer Sprache laufe, bald für Anglicismen und Gallicismen, jedenfalls für „ungeheure Sprachschnitzer", mit denen man „der Sprache Gewalt thue". Wiewohl ihm Schlegel darin beigepflichtet zu haben scheint und sich z. B. in der Elektraübersetzung durch die Auflösung der Partizipien viel unfruchtbare Mühe gemacht hat, so hat er sich doch, vielleicht unbewusst, mehrfach die Gelegenheit, durch dieselben die Rede knapper und gedankenreicher zu machen, nicht entgehen lassen; ja, einigemale ist ihre Anwendung ziemlich kühn, so Herrm. V, 2 „Sein Auge, welches ich verlöschend noch geküsst"; Dido II, 2 „Auch kalt, verbrannt, begraben, Sollst du, Sichäus, mich und meine Liebe haben"; geradezu fehlerhaft Dido III, 5 „Die Brust mit Stahl bedecket, dich hinter einen Schild, das Haupt in Erz versteckct", im Sinne von: dich versteckt habend. Dagegen vermied er die von Gottsched mit Recht befehdete französische absolute Partizipialkonstruktion, wie sie z. B. Bodmer in dem Gedichte ‚Die Wohlthäter des Standes Zürich' 1733, S. 14 anwendet: „Nicht anders schleppt die Schlang an einem warmen Bach, die Mitte durchgebohrt, den Schwanz beschwerlich nach."

Das Ersetzen der Mittelwörter durch Nebensätze trug nicht wenig dazu bei, die infolge der vorherrschenden nüchternen Reflexion ohnehin langen Perioden — es finden sich Vordersätze von 8 (Can. III, 3), 10 (Can. II, 5), 14 Zeilen (Herrm. IV, 1) — noch schwerfälliger zu machen. Besonders lästig fallen unserm Ohre die ein- und vorgeschobenen Infinitive und Sätzchen, die ohne den folgenden Hauptsatz unverständlich sind. Je sorgfältiger durchdacht, je abwechslungsreicher bei Schlegel im Vergleich mit Gottsched der Satzbau ist, um so stärker tritt das Gekünstelte und — um das Wort zu gebrauchen — Verschachtelte hervor. Hier einige Proben dieses häufigen Fehlers: Herrm. IV, 1 „Ich will nicht, dass der Feind, damit nur Herrmann siege, Durch unvollkommnen Sieg nur halbgebeuget liege"; Can. IV, 4 „Du würdest, wollt ich sie statt deiner siegen lehren, Als raubt ich deinen Ruhm, dich über mich beschweren"; Can. II, 2 „Man irrt oft, ohne selbst, warum man irrt, zu wissen"; Dido I, 1 „Ein Herz ist nie beglückt, das sich den Vorwurf macht, Dass es, vergnügt zu seyn, des Himmels Wort verlacht". Wie schwerfällig klingt die Übersetzung der Partizipien in den Versen der Elektra (V. 990 f.):

ἐν τοῖς τοιούτοις ἐστὶν ἡ προμηθία
καὶ τῷ λέγοντι καὶ κλύοντι σύμμαχος:

> Wie nöthig ist, dass dem, der solchen Anschlag hört,
> Und dem, der ihn ertheilt, die Klugheit Rath beschert!

So taub gegen Missklang aber war Schlegel nicht, dass er wie Gottsched hätte schreiben können: Agis I, 2 „Wiewohl, obgleich dein Herz so reich an Tugend ist; so zweifelt doch mein Herz" u. s. w., oder: Agis I, 1 „Die Pracht der Satrapen, die Asien ihm wies, Macht, dass ers oft beklagt, dass er ein Sparter hiess".

Unter den romanischen Einflüssen war schon lange vor Gottsched das lebendige Gefühl für die natürliche Freiheit der deutschen Wortstellung geschwunden; bereits die Meistersänger, dann wieder Opitz hatten gegen kühnere Stellungen Einspruch erhoben und Freiheiten des Volksliedes wie „Der Vater mein" verurteilt. Auch Gottsched und Schlegel wissen beide den Wert der Inversion für die Wirkung auf das Gefühl nicht zu schätzen. So sagt Gottsched in seinen ‚Anmerkungen zu Johann le Clerc's Gedanken über die Poeten und die Poesie an sich selbst' (Crit. Beytr. VI, S. 592): „Wer aber alle gewöhnliche Regeln der Wortfügung überschreiten, und immer das hinterste zuförderst setzen wollte, der würde gewiss mit deutschen oder lateinischen Wörtern hottentottisch zu reden anfangen", und gleich darauf blickt er mit Bedauern auf jene Zeiten herab, „als man noch nicht wusste, dass es angienge, alle Regeln der prosaischen Schreibrichtigkeit zu beobachten, und dennoch Verse zu machen." Schlegel schliesst sich ihm in der ‚Abhandlung von der Nachahmung' an (Neudruck S. 138, 6 ff.) bei der Begründung der Forderung, dass die Deutlichkeit eine Haupteigenschaft jeder Dichtung sein müsse: „Ein Gedicht wird niemals gelesen, dass man seinen Verstand üben will, indem man verworrene Wörter in Ordnung bringt; sondern dass man Begriffe gegen Begriffe halten will: zumal da uns zugleich die Schwierigkeit der Wortfügung öfters in Irrthum bringt, dass wir eine Weile dem unrechten Verstande der Worte nachhängen, ehe wir uns auf den rechten besinnen können." Diese „verwirrte Ordnung" oder wie er tadelnd in seiner ‚Vergleichung Shakespears und Andreas Gryphs'

(Neudruck S. 72, 6) sagt, „verworfene Ordnung der Wörter" sei „insgemein der Fehler rauher Poeten". Darin brachten erst Pyra und die Hallische Schule mit ihren reimlosen Versen und antiken Metren grössere Freiheit, bis dann Klopstocks „erhabne Raserey" und auf der Bühne die natürliche Prosa der echten Leidenschaft in ‚Miss Sarah Sampson' die letzten Fesseln der matten Korrektheit sprengten.

Eine Art Inversion, bei der wie im Französischen im abhängigen Satze der Infinitiv hinter das regierende Zeitwort gestellt wird, kommt allerdings bei Schlegel und in den Stücken der ‚Schaubühne' z. B. in der ‚Panthea' öfter vor; sie ist aber nur ein metrischer Notbehelf und wird daher trotz der Fürsprache Opitzens und Flemmings von Gottsched in der Sprachkunst S. 352 als „poetische Nothdurft" mit Recht verworfen. Beispiele finden sich Can. III, 2 „Ist dieses nun der Schutz, den du mir sollst gewähren?"; Herrm. II, 3 „Dein Vaterland ist da, wo du kannst Vortheil hoffen"; Dido III, 3 „Und er wird nimmermehr sich ohne Frucht entschliessen, Dass, wer ihm wohl gethan, soll seine Rache büssen"; ähnlich Troj. II, 2 „Ich sorge, was ich thu, und nicht, was wird geschehn".

Auch Gottsched und Schlegel hatten das Gefühl, dass hier und da die Leidenschaft, mindestens jene bei Racine häufige Ironie, hinter der sich die Leidenschaft verbirgt, an die Stelle der korrekt redenden Reflexion treten und die Schranken der regelmässigen Redeweise durchbrechen müsse, aber nur vereinzelt hat Schlegel im ‚Herrmann' und ‚Canut' den vollen Ton der echten Leidenschaft getroffen, in den meisten Fällen wurden nach dem Vorgange der französischen Dramen und nach den Anweisungen Hedelins, der im 7. Kapitel des 4. Buches seiner ‚Pratique du Théâtre' von den „grandes figures" spricht, die entsprechenden rhetorischen Register gezogen. Eine ganze Blumenlese dieser „faux brillants" liesse sich aus den Dramen beider Dichter geben; da findet sich: die gehäufte rhetorische Frage, nicht selten ermüdend weit ausgesponnen, so Can. I, 3 „Wenn alles von dir spricht, soll ich allein nicht hören? Wenn andre dich verschmähn, soll ich dich noch verehren? — — du trittst nach solcher That noch kühn vor mein Gesicht? Du thust, als wüsstest du von deiner Schande nicht?" u. s. w.; — die **Wiederholung desselben Wortes:** Can. II, 2 „Mein war des Ulfo Flucht, von mir kam sein Empören, Ich führte Krieg zur See, ich stand bey seinen Heeren"; — besonders beliebt ist die der behaglichen Breite des Alexandriners zusagende unverbundene Häufung sinnverwandter Wörter: Herrm. IV, 3 „Die Liebe für das Volk, Treu, Grossmuth, Ehrbegier, Erbarmen, Menschlichkeit und alles flieht vor dir"; Herrm. I, 4 „Zorn, Freude, Traurigkeit, Verwunderung, Ehrgeiz, Scham, Im Glücke kühner Muth, in Widrigkeiten Gram"; Can. I, 1 „Nur er heisst tapfer, gross, fromm, gütig, klug, geübt; Er wird allein geehrt, er wird allein geliebt"; — der **Ausruf:** Can. II, 5 „Grausamer! ach Canut! ach Pflicht! ach Godewin". In den „Ach!", „O!", „Götter!", „Himmel!" und ähnlichem gefällt sich Gottsched besonders, während Schlegel (Neudruck S. 187) theoretisch dagegen war, mit diesem bequemen Hilfsmittel den Schein leidenschaftlicher Bewegung zu erwecken. Auch die **Aposiopese** ist bei Schlegel seltener, während sie z. B. in der ‚Panthea' öfter vorkommt.

Ausgeführte **Gleichnisse** im Drama hatte Gottsched gemissbilligt. „Nun finde ich nicht," heisst es in der ‚Critischen Dichtkunst' II, X, S. 580, „dass man im gemeinen Leben, wenn wir von ernstlichen und wichtigen Dingen reden, lange Vergleichungen zu machen pflegt. Wem das, wovon er zu reden hat, zu Herzen geht, der hält sich mit solchen Spielen des Witzes nicht auf: sondern dringet gerade auf die Sachen selbst." Seine Abneigung teilt Schlegel; denn er tadelt an Shakespeare die „weit ausgehohlten" Gleichnisse und hält es auch in der ‚Abhandlung von der Nachahmung' (Neudruck S. 159, 15) für angebracht, zu betonen, dass ein Übermass von bildlichen Ausdrücken die Gedanken verdunkle. Die kurzen bildlichen Wendungen an sich liess man gelten. „La tragédie," sagt Voltaire, „aime les métaphores, mais non pas les comparaisons. Pourquoi? Parce que la métaphore, quand elle est naturelle, appartient à la passion;

les comparaisons n'appartiennent qu'à l'esprit." Und so wenden beide, Gottsched wie Schlegel, gleich oft die damals allgemein üblichen, meist recht frostigen Metaphern an, also **erblassen und erkalten**, auch **erbleichen** für sterben — auf jeder Seite —, den **Stahl**, das **tötliche Eisen**, das **mörderische Blei** für die Waffe selbst, **Flammen und Glut** für **Liebe**[1]). Auffallend ist der häufige Gebrauch von **fressen** und **verzehren** bei leblosen Subjekten: Cato I, 3 „Das Schwert frass alles weg"; Herrm. IV, 3 „Wie kömmt es, dass dich itzt erst Qual und Sorge frisst?"; Herrm. IV, 4 „Diese blutge Nacht, die so viel Menschen frisst"; Troj. I, 3 „Und seiner Kinder Tod, die Krieg und Meer gefressen". Ein Lieblingsbild des derberen Gottscheds ist **Pest** oder **Brut**, so Agis I, 5 „Der Laster schnöde Pest verführt die Stadt noch mehr"; Bluth. I, 2 „Calvins verfluchte Pest", und ebenda: „die ungeschlachte Brut der frechen Protestanten". In der Wahl eigner Bilder zeigt er häufig seine Vorliebe für das Kräftige, Volkstümliche, z. B. Cato IV, 3 „Die Eh ward ihm zum Stricke"; Cato II, 6 „Er setzt kein Wort auf Schrauben"; Agis II, 2 „So hat ein König sich durch eine Schuld beschmitzt?"; ebenda V, 10 „des Volkes Schweiss verzehren"; Bluth. I, 1 „Durch wieviel Blut und Morden das Vaterland vom Blut der Kinder trunken worden", und ähnliches. Bilder dieses Schlages hat Schlegel mit wenigen Ausnahmen — so Can. III, 3 „Die Frucht von andrer Schweiss geniessen" — vermieden und oft das Unbildliche, Farblose vorgezogen, andrerseits sind einige seiner eignen Bilder weit edler als die meisten Gottscheds; so sagt er Dido I, 5 von dem Libyerheer, dass es „um die Mauern rauscht, gleich wilden Meereswogen".

Eine Eigentümlichkeit Schlegels ist die häufige **Verbindung von konkreten und abstrakten Subjekten**, wobei dann die letzteren oft metaphorisch und zeugmatisch mit dem Verbum verbunden sind: Herrm. III, 2 „Spiess und Tod (werden) auf die Feinde

---

[1]) Das Matte dieser konventionellen Metaphern empfand Schlegel im Laufe der Zeit und setzte daher z. B. Dido II, 1 „mit meiner Liebe prahlt" für die ältere Lesart der ‚Schaubühne': „mit meinen Flammen" ein.

geschossen"; Herrm. IV, 2 „dringt Feind, Gewalt und Mord in den bejahrten Hayn"; Herrm. IV, 1 „Wie mancher tapfre Schritt wird — — Schon über Schanzen, Feind und Tod gestiegen seyn"; Herrm. V, 1 „mich von dem deutschen Heer und meiner Pflicht zu ziehn", und ebenda „So sollte Heer und Streit gestillet rückwärts gehn"; Dido II, 4 „die Schiffe sind nunmehr Vom Reichthum Libyens und meinem Wohlthun schwer". Zu weit geht Gottsched darin Bluth. V, 7 „So fehlts an Gründen nicht, euch Trotz und Hals zu brechen". — Das Streben nach Knappheit verleitete Schlegel hier und da zu zeugmatischen Konstruktionen, die wir als fehlerhaft empfinden; das gilt besonders von zusammengezogenen Relativsätzen, in deren einem das Relativum Subjekt, im andern Objekt ist: Troj. V, 5 „Verflucht sey diese Furcht, die blos aus Misstraun bebet, Die stets auf Morden sinnt, und doch der Mord nicht hebet": hier ist „die" Subjekt zu „sinnt" und Objekt zu „hebet"; Herrm. II, 1 „Wie ein gereiztes Thier, das Zorn und Geifer schäumt, Sonst niemand bändiget, und nur sein Wärter zäumt" u. s. f.

Grosse Sorgfalt hat Schlegel auch auf die metrische Seite seiner Dramen verwendet. Wie hoch er Silbenmass und Reim anschlug, beweist seine scharfsinnige Verteidigung des Reimes in seinem ‚Schreiben über die Komödie in Versen' (Neudruck S. 9—30); er spricht hier den Gedanken aus, das Silbenmass sei eigentlich diejenige „Materie, worinnen ein Poet sich vornimmt, die Natur nachzuahmen". An Gottsched schreibt er am 2. April 1744 (Danzel S. 154): „Unterdessen bin ich so überzeugt, dass eine sorgfältige Ausarbeitung der Verse zu einem guten Trauerspiele gehört, dass ich glaube, ein Stück wird sich ohne dieselbe niemals lange bey Ehren erhalten". Eine nicht geringe Anzahl der Verbesserungen einzelner Verse in seinen Dramen lassen sich auf metrische Gründe zurückführen. Die Zeitgenossen haben in dieser Hinsicht seinen unermüdlichen Fleiss und sein feines Ohr zu schätzen gewusst. „Schlegel hatte überall eine ebenso fliessende als zierliche Versifikation", sagt Lessing im 13. Stücke der ‚Dramaturgie' bei Besprechung des gereimten Lustspiels ‚Die stumme Schönheit'. Gewiss, es ist ehrenvoll für ihn, dass er sich auch in der Praxis für die gebundene Sprache im Drama entschied und von den Dichtern seiner Zeit deren Hindernisse anerkanntermassen noch am leidlichsten überwand. Aber es war eine undankbare Aufgabe, deren Lösung mangelhaft bleiben musste, so lange er sich nicht von der tiefwurzelnden Verkehrtheit frei machte, die verschiedene Silbenbetonung für verschiedene Silbenzeit zu nehmen und das silbenzählende Prinzip der romanischen Sprachen, den regelmässigen Wechsel kurzer und langer Silben, rücksichtslos der deutschen Sprache aufzuzwängen. Freilich hat er es schliesslich gewagt, die lästige Zwangsjacke des gereimten Alexandriners abzuwerfen und den fünffüssigen, reimlosen Iambus auf der deutschen Bühne einzuführen, aber zu spät, um selbst noch die Früchte dieser bedeutsamen Neuerung geniessen zu können. Und doch waren längst, selbst bei den Franzosen, Stimmen gegen die Tyrannei des Alexandriners laut geworden und hatten in Deutschland mit ihren Klagen und ihrem Spott ein Echo gefunden: Fénelon hatte in seinen ‚Gedanken von der Tragödie', die bereits 1732 als Anhang zu Gottscheds ‚Cato' in deutscher Übersetzung erschienen waren, gesagt: „Unsere gar zu gezwungene Verskunst, zwinget oft die besten tragischen Poeten, Verse, die mit Beywörtern überhäuft sind, zu machen, um nur einen Reim zu erhaschen. Um einen guten Vers zu haben, muss man ihm einen schwachen zupaaren, der ihn verderbet." Bodmer hatte 1733 in dem schon angeführten Gedichte von ‚Die Wohlthäter des Standes Zürich' vom Alexandriner geurteilt:

>Zu sagen, was ich denk, erlaubt dasselbe nicht,
>Das in sechs Gliedern geht und in der Mitte bricht;
>Am Körper lang genug, behülflich desto minder,
>Mit Füssen wohl versehn, doch darum nicht geschwinder — —
>Nicht anders schleppt die Schlang an einem warmen Bach,
>Die Mitte durchgebohrt, den Schwanz beschwerlich nach.

Der Alexandriner hat in der That im Drama manche Unzuträglichkeiten im Gefolge, die uns auch bei Schlegel, wiewohl nicht in dem Masse wie bei Gottsched, entgegentreten. Beide haben den unverschränkt gereimten, sogenannten heroischen Alexandriner der klassischen französischen Tragödie und zwar so angewendet, dass ausnahmslos immer ein Paar stumpfer Reime mit einem Paar klingender Reime wechselt. Ein solches Verspaar — „Doppelgeschöpfe von verketteten Alexandrinern" nennt sie Herder — schliesst sich naturgemäss leicht zu einem Satze zusammen, dessen Inhalt dann dadurch oft breitgezogen wird. Da aber andrerseits jeder einzelne Vers durch die Cäsur nach dem dritten Fusse wieder in zwei gleiche Hälften zerstückt wird, liegt in dieser Zweiteilung eine Aufforderung, denselben Gedanken zweimal auszudrücken oder wenigstens durch einen matten Zusatz zu ergänzen, kurz, die Gefahr, breit zu werden. Dieser Parallelismus der Glieder ist ein sehr bezeichnendes Merkmal der Alexandrinerpoesie. Beispiele bieten: Cato II, 4 „Du kennst dich selbst noch nicht, und weisst nicht, wer du bist"; Troj. I, 1 „Der Tag, der ihn gestürzt, schlug unsre Kronen ab, Und Troja sank mit ihm, und fiel mit ihm ins Grab"; Herrm. I, 4 „Das Herz hüpft in der Brust, und fühlt geschwindre Schläge". — Oft drückt das eine Glied den Gedanken positiv, das andre negativ aus: Can. III, 5 „O Ehre! wer nur dich einmal geschmecket hat, Wird stets von dir gereizt, und niemals von dir satt"; Herrm. III, 1 „So soll ich schuldig seyn, dass meiner Bürger Blut Umsonst vergossen wird und keine Wirkung thut". — Beliebt ist die zwei Verse umfassende Satzform, bei der das zweite, dritte und vierte Hemistich von einander nebengeordneten, sinnverwandten Zeitwörtern geschlossen wird: Herrm. V, 1 „Indessen dass dein Arm in fauler Ruhe liegt, Nicht für die Freyheit kämpft, nicht für die Götter kriegt"; Can. IV, 4 „die Gluth, Mit der sie neben dir nur spielend überwanden, Den Tod verachteten und Wunden nicht empfanden". — Oft aber müssen auch, um einen Halbvers zu füllen, lose angeknüpfte adverbielle Wendungen oder eingeschobene Anreden, mitunter recht matt klingend und ungeschickt angeheftet, als Ergänzungen eintreten; besonders beliebt sind Wendungen, die etwa dem lateinischen Ablativus absolutus entsprechen: Or. u. Pyl. I, 1 „Dies war der letzte Schlag, und dieser konnt allein, Bey so gehäufter Noth, mir noch empfindlich seyn"; Dido I, 4 „Er eilt und heisst die Seinen, Zu Mehrung deiner Lust, bey deiner Jagd erscheinen"; Can. IV, 2 „Möcht ich doch den Canut, nach abgeschworner List, So ernstlich lieben sehn, als er dir günstig ist". — Eine Anrede wird zur Ergänzung eingeschoben, z. B. Troj. IV, 3 „Sie eilet nur vielleicht, du Zuflucht ihrer Klagen! Dass du zugegen bist, den übrigen zu sagen". — Das Bestreben, den reichlich gemessenen Raum der Alexandrinerzeile zu füllen, erklärt es auch, dass oft ein umständlicher Satz mit „dass" steht, wo der knappe Infinitiv dem Sprachgefühle näher liegt, oder wo sogar ein einfacher Hauptsatz genügte: Dido I, 2 „Wie schwer ist's doch, dass man ein edles Herz nicht liebt"; Troj. II, 2 „was macht, dass du erbleichest?"; Herrm. II, 3 „die Kunst, die ich dir zeige, Macht, dass ich auf den Hals gebückter Völker steige"; Bluth. III, 3 „Wann that es Carl bisher, dass er sein Wort gebrochen?" für: wann brach Carl je sein Wort? — An den breiten Ton des antiken Epos gemahnen ferner die zahlreichen metaphorischen Umschreibungen der einfachen Pronomina durch Körperteile: Herrm. II, 3 „Der Mund, mein Vater, schweigt", statt: ich schweige; Dido II, 3 „mich trägt der müde Fuss"; Herrm. IV, 3 „Ach, wie beklag ich dich, beklagenswerte Brust"; Agis IV, 1 „Allein was füllet dir für eine Furcht die Brust". So besonders oft „Brust" ganz wie animus [1]).

---

[1]) Noch manches andre, übrigens auch noch den Spätern eigene liesse sich als Latinismus bezeichnen: Bluth. I, 1 „bürgerlicher Krieg"; Herrm. II, 1 „bürgerliches Morden"; Or. u. Pyl. II, 1 „Der Kreis der Erden"; Can. III, 1 und Braut in Trauer I, 2 „der Helden Kern"; Herrm. I, 1 „so vieler Völker Kern". Aber auch Konstruktionen, wie: Or. u. Pyl. I, 1 „dem es nicht helfen kann, Orest leb oder nicht", vivat Orestes necne, oder: Dido I, 1 „ich fürchte . . . dass meine Schwäche nicht . . . aus jeder Sylbe spricht"; Agis IV, 1 „Es fehlt nicht viel, o Freund, dass ich es dir nicht glaube" u. a.

Da der eintönige Wechsel von kurzen und langen Silben, der etwas Steifes und Hämmerndes hat und unserm Ohre auf die Dauer unerträglich wird, die Silben der Wörter zu messen zwang und eine grosse Anzahl in Prosa häufiger und schwerentbehrlicher Wörter spondeischer und daktylischer Messung nicht gestattete, mühte sich der Dichter ab, dafür metrisch brauchbaren Ersatz zu finden, der dann oft in poetisch um so frostigeren Metaphern bestand. Durch diesen Zwang der Silbenzählung ist besonders der Wortschatz des Alexandriners so ärmlich, der Ausdruck so gesucht und unnatürlich geworden, und es war einer der stichhaltigsten Gründe, die seiner Zeit Straube gegen die gereimte Komödie vorgebracht hatte, wenn er darauf hinwies, dass sie notwendige Wörter wie etwa wéggéhen mit zwei betonten Silben hintereinander aus metrischen Gründen ausschliessen müsse. So kann man den Feind nicht ángreifen, man muss ihn bestreiten; eine Nachricht kann man nicht mítteilen, man muss sie entdécken. Agis V, 11 „Ich komm, o Königinn, mit zweifelhaftem Schritt" für zweifelndem, unsichrem; ähnlich Herrm. III, 1 „die zweifelhafte Seele"; Can. IV, 1 Verkläger für Ankläger; Can. II, 4 ins Mittel der Gefahr, und Herrm. IV, 2 ins Mittel unsrer Noth für mitten in die Gefahr. Oft Rachbegier, Ehrbegier, Ruhmbegier, Neubegier, Raubbegier, sogar Hülfbegier (Agis III, 2) für Neugier u. s. w. Rauhigkeit für Rauhheit. Dido II, 4 sich herunterlassen für sich heráblássen. Or. u. Pyl. V, 1 die gesalzne Flut für das daktylische salzige. Herrm. IV, 3 Der weiche Feind für weichliche. Can. III, 4 Nebenbürger für Mitbürger. Oft fürchterlich für furchtbar. Ja, das Bedürfnis, möglichst viel Wörter zu haben, die einen Creticus — ᴗ — bilden, führte zur Schöpfung einer grossen Reihe von Adjektiven mit der Bildungssilbe „voll", die in Schlegels Dramen massenhaft auftreten und von den Zeiten der Alexandrinerherrschaft her sich noch lange forterbten. Allein in den ‚Trojanerinnen' finden sich: unglücksvoll, mitleidsvoll, sehnsuchtsvoll, grossmuthsvoll, schreckensvoll, zweifelsvoll, erstaunensvoll; sonst noch: schwermuths-, verwirrungs-, hoffnungs-, freuden-, unmuths-, verachtungs-, trauer-, unschulds-, argwohn-, freundschaftsvoll. Das geschmacklose „ohnmachtsvoll", das Gottsched zweimal (Agis I, 2, Bluth. I, 4) hat, findet sich im Herrm. V, 1 nur in dem Druck der ‚Schaubühne'; die Werke weisen nach den Handschriften „ohnmächtig" auf. Ein Lieblingswort Schlegels ist ferner „vergnügt", oft für das metrisch weniger geeignete „zufrieden" gesetzt: Troj. III, 4 „Und mit der Lust vergnügt, dass du sie siehst erblassen, Gewähr ihr nur die Gunst, sie unverhöhnt zu lassen"; Can. IV, 2 „Ist nun dein Ruhm vergnügt?" u. s. w.

War aber ein Ersatz nicht zu finden, so mussten gewaltsame Kürzungen oder Dehnungen, mussten Flickwörter helfen. So ist beiden Dichtern die Aphäresis („Enthauptung" verdeutscht geschmackvoll Gottscheds ‚Sprachkunst' S. 530) was für etwas geläufig: Agis I, 2 „Du bittest in der That was schweres, liebster Sohn"; Dido I, 3 „Doch da der Himmel mir was hartes aufgeleget!" — Die Elision des e am Wortende vor Vokalen tritt regelmässig ein; hier und da erscheint sie hart, so Dido I, 1 „die Sach entdecken"; Dido II, 1 „die Schiff"; Or. u. Pyl. V, 3 „der Griech"; Can. IV, 3 „ohn Erfahrung". — Bei ohne wendet Schlegel auch öfter die Apokope an (nach Gottsched „die Stutzung, da man den Wörtern den Schwanz abbeisst"): Can. III, 2 „ohn dein Gebeth"; Can. V, 2 und öfter: „ohn dass". Ferner bei Imperativen: hör, such, hoff, stell; Herrm. II, 3 „auf meinen Nutz zu sehn". In einigen Fällen hat sich der Verfasser bemüht, die dadurch entstandenen Härten zu beseitigen; so ist Dido III, 4 in den ‚Werken' kann für könnt in der ‚Schaubühne' eingetreten u. a. — Bei weitem die häufigste Kürzung ist die Synkope („Die Verbeissung"): furchte für fürchtete, verricht, verblendt, verwundt, gegründt; unbändge, blutge, begierge, was würdigs, was wichtigs, ihr heiligs Land (doch auch das neutrale Adjektiv ohne Kasusendung: dein jung und wallend Blut, ein ewig Elend u. ähnl.), sogar jens für jenes; gnug, Gnüge, ehr für eher u. s. f. Die Synkope

zwischen Dentalen wie bei überredt erklärte Gottsched in der
‚Sprachkunst' S. 624 für fehlerhaft. — Andrerseits galt es oft,
die Senkungen des Verses mit tonlosen Flicksilben oder Flick-
wörtchen zu füllen. Zur Paragoge wird man rechnen müssen
Fälle, wie: Glücke, Ungelücke (Cato II, 3; III, 3), zurücke,
alles sehr beliebte Reimwörter; zurücke auch metrisch notwendig
in den Zusammensetzungen: zurücke kehren, weisen, geben;
dann Geschicke, Geschenke, Gesetze, Tyranne, Herze;
sonsten, einsten, späte, woferne, nunmehro und itzo,
nach Bedarf wechselnd mit nunmehr, itzt und itzund. Ebenso
treten die längeren Verbalformen: sagest, wollet, scheinet
ein, wenn es der Rhythmus erheischt. — Prosthesis („der Vor-
satz"): geruhig, allhier, dieweil. — Füllwörter sind besonders ja, doch, ach, wohl, recht, das ausrufende wie;
das tonlose so als Einleitung zum Nebensatz oder als stei-
gernder Beisatz zum Adjektivum: Cato I, 2 „Doch Phocas lässt
sich sehn; was will er doch von mir?"; II, 3 „er klagt recht
freventlich den grossen Cato an"; III, 4 „ich bin fast ganz
bestürzt an diesen Ort gekommen"; Dido II, 1 „Ach, Schwester,
hilf mir ja mein Herz vor ihm verstecken"; Can. V, 5 „Warum
entstellte doch die Untreu seinen Muth?"; ebenda I, 2 „O
Himmel! soll ich wohl ihn sprechen oder fliehn?"; Troj. II, 1
„das so betrübte Heer"; Can. III, 3 „Eh ich diess Schwerdt
ersiegt, so hat es mich verletzt". Auch hier zeigen Schlegels
‚Werke' manche Verbesserungen den früheren Drucken gegenüber. — Bei Gottsched führt dieses Ausstopfen mit matten
Hilfswörtchen oft zum Pleonasmus: Agis IV, 2 „Dein Anschlag
war sehr gross, halb ist er ausgeführt; Vom andern wird nur
noch ein blosser Ruf verspürt"; ebenso Cato I, 4 „nur bloss
die Königinn". Dieses nur bloss freilich auch Dido I, 3. Am
auffallendsten ist in dieser Hinsicht der ausgiebige Gebrauch des
Adjektivs werth bei Gottsched und Schlegel; es wird mit Vorliebe Anreden als höflicher Zusatz beigefügt, und es ist Schlegel
so unentbehrlich erschienen, dass er es in die Elektraübersetzung,
die im allgemeinen das Original eher verkürzt als erweitert, hier

und da eingefügt hat, ohne dass im Urtext ein Anhalt dafür gewesen wäre: ἐπεὶ γὰρ ἦλθον πατρὸς ἀρχαῖον τάφον wird übersetzt: „Ich kam der alten Gruft des werthen Vaters nah". Or. u. Pyl. I, 5 jemandem „die werthe Nachricht beibringen"; Herrm. V, 1 „des werthen Roms Gefahr"; Dido V, 1 „sein werther Rest". Gottsched hat sogar: Bluth. V, 5 „mein werthester Leran" und ebenda IV, 4 „mein allzuwerther Sohn". — Metrischen Grund hat auch die häufige Verwendung der schwerfälligen Umschreibung des Genitivs durch von: Agis III, 2 „ich weiss den hohen Grad von deinem Gram zu schätzen"; Or. u. Pyl. II, 2 „Der Himmel breche bald die Macht von deinem Schmerze"; Dido V, 1 „Die Furcht von bangen Müttern".

Dass trotz des eifrigsten Bemühens, die Sprache dem fremden Tonfall anzupassen, vielfach Vers- und Wortaccent oder Vers- und Satzaccent in Widerstreit gerieten, war schwer zu vermeiden. Auch hier feilte Schlegel unablässig; so tritt Can. II, 3 für: „ich bleib stets deiner werth" das wirkungsvollere: „stets bleib ich deiner werth" im spätern Drucke ein. Fälle dieser Art finden sich z. B. Can. I, 2 „Und aus strafbárem Hass für Ulfos Übelthaten"; Can. II, 2 „Gieb zu, dass diese Reu den Irrthum ganz durchstreiche", ähnlich unschúldig, ausrúfen, zanksúchtig, aufrúhrisch, grausámer, ratschlágen; bald Bárbarn, bald Barbáren. Unbetonte Worte haben den Versaccent und verrücken so den Sinn des Satzes, z. B. Herrm. II, 3 „Ists nicht wahr?" am Versanfang, wo der Ton auf „wahr" fallen müsste.

Mit der Vermeidung des Hiatus nehmen es Gottsched und Schlegel nicht so genau wie Opitz, der ihn nur bei Eigennamen, wie Helena, bei einsilbigen Wörtern, wie Schnee, vor „h" und am Versende zuliess. Schränkt man den Begriff desselben mit Haupt, Scherer und kürzlich Schröder ('Vom papiernen Stil', Berlin 1889) auf das Zusammentreffen von schliessendem „e" mit Vokalanlaut ein, so findet man in diesen Fällen ihn meist umgangen; oft durch Elision, wie Can. I, 1 „Da alles ihn gefurcht, hab ich ihm Feind erwecket"; hier und da halfen auch ältere Formen, wie: zween und schwache Genitive wie: der Höllen, der Erden, der Sonnen ihn vermeiden; bei andern Vokalen dagegen ist er vielfach stehen geblieben, z. B. Herrm. IV, 2 „die itzt"; Can. II, 3 „die Augen"; Can. II, 5 „zu umfangen", und ebenda: „was du an mir gethan". In der zu jener Zeit lebhaft erörterten Frage über den Wert des Reimes hat Schlegel in der Theorie und bis auf seine letzten Arbeiten auch in der Praxis für denselben Partei genommen, während Gottsched vor dem Schweizerstreit theoretisch den reimlosen Versen mitunter den Vorzug zu geben geneigt war, Leute wie Bodmer und Pyra aber geradezu leidenschaftlich in Ernst und Hohn diese „obotritische Musik", „dieses Läuten der Glocken an den Hälsen der Karrngäule im Hohlweg", oder, wie Klopstock sagt (Oden 1798. II, 77): „des Reimes schmetternden Trommelschlag, lermend und lermend mit Gleichgetöne", im Namen des guten Geschmackes bekämpfen zu müssen glaubten. Ausführlich ist Schlegels Stellung in diesem Streite von v. Antoniewicz gekennzeichnet worden; es genügt daher, auf eine Stelle in Schlegels ‚Schreiben über die Komödie in Versen' hinzuweisen, in der er sein Festhalten am Reime rechtfertigt und zugleich beweist, dass er sich der Schwierigkeiten sehr wohl bewusst war, die dem Dichter aus dem Reime erwachsen (Neudruck S. 23, 36 ff.): „Der Reim hat bey unsrer heutigen Poesie den Vortheil, dass er die Art unsrer Verse etwas schwer macht, welches, bey der grossen Leichtigkeit unsers Sylbenmaasses an sich selbst, mir dessentwegen etwas sehr gutes scheint, weil er auf diese Art uns gleichsam von sich selbst Anlass giebt, dass wir bey iedem Verse eine Zeitlang stehen bleiben müssen, und unsern Ausdruck bey dieser Gelegenheit desto besser aussuchen, und die Worte, deren wir uns bedienen, wohl überlegen. Hierdurch werden unsre Gedanken ausgeputzter und unser Ausdruck, wo es erfordert wird, zierlicher und lebhafter." Richtiger urteilte darin, mit besonderm Hinblick auf dramatische Dichtungen, Lessing im ‚Neuesten aus dem Reiche des Witzes' vom 17. August 1751 (Lachm. III, 180): „Man lasse einem Dichter die Freiheit. Ist sein Feuer anhaltend genug, dass es unter den Schwierigkeiten des Reimes nicht erstickt, so reime er. Verliert sich die Hitze seines Geistes während der Ausarbeitung, so reime er nicht." In Wirklichkeit hat bei Gottsched und Schlegel, denen schon der Alexandriner beim Ausarbeiten die Hitze des Geistes etwas kühlt, der Reim sichtlich ungünstig gewirkt. Wenn Schlegel durch seine peinlich genaue Art zu arbeiten direkte Reimereien oder Sinnlosigkeiten, die Gottsched bei seiner flüchtigeren Manier unterliefen, sich nur ganz vereinzelt zu schulden kommen liess, — z. B. etwa den geradezu unrichtigen Konjunktiv Herrm. II, 6 „Und denke, dass dir schon so manche Niederlage Der Römer Macht und Glück, der deutschen Schwäche sage", — so ist doch manche steife oder matte Wendung, manche unglückliche Metapher, manche breite Umschreibung auf Rechnung der Reimnot zu setzen. Es hat sich eine ganze Reihe von Lieblingsreimwörtern ausgebildet, deren häufige Wiederkehr der Sprache Gottscheds und Schlegels das Gepräge des Gezwungenen, Eintönigen, Ärmlichen verleihen hilft. Wie oft wird im Reim auf lieb, blieb und Hieb ein edler Trieb verspürt; die Serie Gut, Blut, Glut und Wut spielt eine hervorragende Rolle: für die schwierigen Reime sterben und tödten müssen die frostigen Stellvertreter: erblassen, erkalten; erlegen, fällen, durchstechen, entseelen, herhalten; oft reimt auf siegen: vergnügen, das matte umfassen steht für umarmen, entdecken für melden u. s. f. Den französischen Dichtern boten die zahlreichen Wörter mit vollklingenden Endungen, wie: —ance, —age, —ée, —oir, —eur u. a. eine weit grössere Auswahl für Reime, und wie gut passt gloire zu victoire, combat zu soldat, coeur zu ardeur, armes zu larmes oder charmes! — Unreine Reime sind bei beiden Dichtern häufig: an Reimen wie: geübt : geliebt, gereun : seyn, gebeugt : zeigt, verehren : stören, entseelen : quälen, müssen : wissen, erkennt man den Obersachsen. Sogar lange und kurze Vokale stehen sich gegenüber: Bahn : kann, gewiss : diess, vergrössert : verbessert, vergiessen : müssen, eine Erleichterung, die sich auch Racine gestattete, der z. B. âme und femme, endurer und retirer, affermi und ennemi verbindet. Beide Freiheiten hat

Gottsched theoretisch verworfen im vierten Hauptstücke seiner ‚Sprachkunst' S. 621.

Die Cäsur oder der „Abschnitt", der im 17. Jahrhundert, so bei Gryphius, bisweilen ganz fehlte, oder noch zwischen die „natürlichen Bestandtheile" eines zusammengesetzten Wortes fallen durfte, wird jetzt nach dem Muster der Franzosen wieder strenger gehandhabt.

> Que toûjours dans vos Vers, le sens coupant les mots,
> suspende l'hémistiche, en marque le repos,

hatte Boileau gefordert. Gottsched giebt genauere Anweisungen im 12. Hauptstücke des ersten Teiles seiner ‚Dichtkunst', das „von dem Wohlklange der poetischen Schreibart" handelt (S. 320): „Es ist daher ein Übelstand, wenn in der ersten Hälfte des Versses ein Beywort an dem Abschnitte steht, da indessen das Nennwort, so dazu gehört, allererst in der andern Helfte folgt. Z. E. wenn ich schriebe: die unvergleichlichen | Poeten unsrer Zeiten u. s w. Hier trennet der Abschnitt ein Paar Wörter und Begriffe, so zusammen gehören, welches sehr unangenehm fällt", weil man mit Widerwillen da stille halten müsse, wo man noch nichts rechtes denken könne. In seinen Dramen hat er aber gerade dagegen oft genug verstossen: Agis I, 2 „Agesilas entdeckt | dir, was ich willens bin, und: Ihm gleich zu werden ist | der allerhöchste Ruhm", II, 5 (dieser Zufall) „Schreckt edle Seelen, noch | viel ärger als der Tod"; Bluth. I, 2 „Und in ganz Frankreich noch | einmal das Mordschwert fassen". Auch Schlegel hat sich einerseits theoretisch über die Notwendigkeit der Cäsur ausgesprochen — so tadelte er an der Borkschen Übersetzung von Shakespeares ‚Julius Cäsar' den „übelbeobachteten Abschnitt" (Neudruck S. 72, 6) —, andrerseits hat er sich bemüht, die Verspause mit einem Gedankenabschluss möglichst zusammenfallen zu lassen. Zerschneidet sie doch einen Satz, so hat er Härten, wie sie die angeführten Stellen Gottscheds zeigen, vermieden und gern das Pronomen unmittelbar vor den Einschnitt gestellt: Can. I, 1 „Du schlägst mir ab, was ich | zu deinem Wohlseyn hath". Mitunter greift auch der Satz des ersten Halbverses mit einem Wort in den zweiten hinüber, wodurch dieses dann kräftig herausgehoben wird, so ebenda II, 3 „So glaubst du denn von mir | nichts, als was mich entehrt". Die Strenge seiner Forderungen in diesen äusserlichen Fragen beweist der Brief an Hagedorn vom 9. November 1743, in dem er bei der Besprechung von dessen Gedicht über die Glückseligkeit rügt, dass zweimal hintereinander das Wort „natürlichen" den Abschnitt bilde, also eine tonlose Silbe unmittelbar vor der Cäsur stehe. Doch finden sich derartige unbetonte Abschlüsse der vordern Vershälfte auch nicht selten in seinen Dramen, z. B. Cheruskien, Unglücklicher, Tugendon, beleidigte u. a.

Man sieht, an tausend Enden war der Dichter gebunden. Was Wunder, wenn Silbenmass und Reim vielfach die Worte und Gedanken meisterten. Und manche Schranke zog er sich selbst noch, so in bezug auf das sogenannte Enjambement, das Übergreifen des Satzes von einem Verse in den andern. Schlegel hielt sich darin an Gottscheds Vorschriften, der in der ‚Critischen Dichtkunst' S. 321 der Meinung ist, der Satzschluss müsse im Interesse des Wohlklangs „auf bequeme Stellen fallen". „Vors erste ist es wohl gewiss, dass ein solcher Stillstand sich am besten an das Ende gantzer Zeilen schickt"; besonders gelte das für die elegischen Verse. In heroischen Versen dürfe man das Übergreifen des Gedanken von einem Verse in den andern zwar nicht so kühn handhaben wie die Alten oder wie noch Lohenstein z. B. in der Kleopatra V, 1: „Serapens Tempel gläntzt | voll Feuer. Das Altar der Isis ist bekräntzt | mit Myrthen. Und das Volck" u. s. w., „doch haben wir uns auch so genau nicht binden wollen, als die Franzosen, welche niemals anderswo als am Ende der Zeilen einen Schlusspunkt leiden. Unsre beste und reinste Poeten haben sichs niemahls verboten, den Verstand in heroischen Verssen bis an den Abschnitt einer folgenden Zeile zu ziehen." Die in diesen Worten gezogne Grenze hat Schlegel nicht überschritten: entweder umfasst der Satz, der zwei Verse eng zusammenschliesst, genau den Raum derselben oder den von anderthalb Versen, wobei der

Halbvers bald vorangeht, bald nachklappt. Eng zusammengehörige Satzglieder werden nicht auseinandergerissen, sondern gewöhnlich steht eine adverbiale Bestimmung am Versschlusse: Can. III, 1 „Wer sein zanksüchtig Schwerdt aus falschem Heldenmuthe | Mit anderm Blute färbt, als mit des Feindes Blute"; ebenda III, 2 „Wenn einmal unser Herz mit unverfälschter Treu | ein Bündniss festgestellt". Aber Schlegel hat das Enjambement überhaupt nicht so häufig verwendet wie Gottsched, im ‚Herrmann' und ‚Canut', Stücken von über 1800 Versen, je etwa fünfzig Mal. Infolgedessen reihen sich an manchen Partien unzusammenhängende Sätze von je einem Verse kurzatmig und gleichsam unvermittelt nacheinander ausgestossen aneinander, die dem Stile jenes „Epigrammatische" aufprägen, das Gottsched am ‚Herrmann' tadelte. Als Beleg dienen Ulfos Worte Can. II, 4:

Du bist bey allem Muth ein Herz, das sklavisch zagot.
Der Ruf von deiner Flucht sey immerhin Betrug.
Die That ist nur erdacht, dein Schimpf ist wahr genug.
Dein Arm, der nur gehorcht, übt sich umsonst im Streiten:
Die Ehre, die dich flieht, die kennst du nur von weiten.
Du hast nicht das Gefühl, das sich in Helden regt,
Kein Ruhm hat dich gereizt, kein Schimpf hat dich bewegt.
Du machst dein feiles Blut zu andrer Eigenthume,
Du lebst zu deiner Schmach und nur zu fremden Ruhme.
Du thust aus blöder Furcht, was auch ein Sklave thut.
Dein Arm kann tapfer seyn, dein Geist ist ohne Muth.

Freier schaltete er bei der Verteilung eines Verses an mehrere Personen. Nach allen Silben kommen Brechungen vor, die meisten natürlich nach der sechsten, der Cäsurstelle. Öfter wird ein Vers in drei, auch vier Teile, einmal Can. V, 3 in fünf zerlegt. Die meisten gebrochenen Verse, 60, weist ‚Orest und Pylades' auf, die wenigsten, 10, ‚Herrmann', was sich bei dem Vorherrschen der Reflexion und dem Mangel an leidenschaftlicher Handlung in dem Stücke leicht erklärt. Mehrmals, aber seltner als bei Gottsched, fällt der Szenenwechsel mitten in den Vers oder wenigstens in ein Reimpaar hinein: Dido V, 3 u. 4; Troj. IV, 2 u. 3; Herrm. I, 1 u. 2, 3 u. 4.

Trotz seines Festhaltens am gereimten Alexandriner hat aber

Schlegel von Anfang an für andere metrische Formen ein lebhaftes Interesse gehabt, das vielleicht Christs Vorlesungen geweckt hatten. So bespricht er bereits in dem ‚Schreiben über die Komödie in Versen‘ (Neudruck S. 24, 25 ff.) die reimlosen fünffüssigen Iamben der Italiener und Engländer, meint aber noch, dass es scheine, „als ob wir nicht ein langes Gedicht darinnen vertragen könnten." Weit beachtenswerter scheint ihm der Hinweis eines „gelehrten Professors hiesiger Akademie", wohl Christs, auf den antiken Trimeter, in dem der Vers durch die Cäsur nach der fünften oder zweiten und siebenten Silbe nicht halbiert wird und somit mehr Abwechslung bietet. Als Probe fügt er gleich an jener Stelle eine eigene Übersetzung der ersten Verse des Aristophanischen ‚Plutus‘ in Trimetern hinzu, und schrieb — noch vor 1741, vor dem ‚geschäfftigen Müssiggänger‘, wie der Bruder Wke. II, S. 621 angiebt — das Lustspiel ‚Die entführte Dose‘ in diesen sechsfüssigen Iamben mit männlichem Versschluss und weiblichem Ausklang vor der Cäsur; hier ein Vers als Beispiel: „Sie sind doch jemand, | der Raison im Leibe hat." Auch die wenigen Zeilen, die von der Tragikomödie ‚Der Gärtnerkönig‘ fertig wurden, sind in diesem Versmasse geschrieben, das für Schlegel ein Übergangsstadium wurde zum fünffüssigen Iambus, den er schliesslich, den englischen Dichtern folgend, mit seiner ‚Braut in Trauer‘ im deutschen Drama einführte. Um den hartklingenden, stets männlichen Schluss der englischen Verse zu vermeiden[1]), wechselte er — nur einmal folgen sich zwei männliche — regelmässig mit männlichem und weiblichem Versschlusse, während bei Lessing, der sich hierin an keine Regel bindet, die männlichen vorherrschen. Überhaupt gestattet sich Schlegel noch nicht die Freiheiten, wie wir sie im Nathan finden. Den Hiatus vermeidet allerdings auch dieser. Aber während Lessings stürmische Natur sich oft über den Zwang der Cäsur wegsetzt, ist sie in den ruhigeren Versen Schlegels beobachtet und steht nach der vierten, fünften, auch sechsten Silbe.

---

[1]) Er spricht das im Briefe an Bodmer vom 6. September 1748 aus (Litt. Pamphl. S. 127).

Das Enjambement findet sich bei der Kürze des neuen Versmasses natürlich häufiger, als in den früheren Stücken; doch sind Härten, so etwa, dass der Versschluss die Präposition von ihrem Hauptworte schiede, möglichst vermieden. In den meisten Fällen schliesst betontes Subjekt oder Objekt oder eine adverbiale Wendung den vorhergehenden Vers: I, 1 „Alfonso | sah meines Vaters Grausamkeit voraus", und: „dass mein zu mächtig Leid | kein süsser Klang in Schlummer wiegen kann"; II, 2 „und nimmermehr | soll Garcias dein Ehgemahl besitzen". Grössere Lebhaftigkeit und Beweglichkeit als in den Alexandrinerdramen spricht sich auch in der häufigen Versteilung unter mehrere Sprechende aus; viermal wird der Satz durch Einfallen der andern Person unterbrochen. Nur vereinzelt stehen Wort- und Versaccent im Widerspruch, so bei den Versanfängen: „Maulthiere" und „Wohlthäten". Die Sätze sind meist kurz; die längste Periode, die Schilderung eines Triumphzugs, umfasst neun Zeilen.

Wenn die Gemessenheit der Schlegelschen Fünffüssler noch weit entfernt ist von dem kühnen Ungestüm und der Ungebundenheit der Verse im Nathan, wenn der Dichter, der alten Schule der strengen „Regel" eben entwachsen, noch von mancher Äusserlichkeit sich auch hier binden liess, die er bei reichlicher Übung bald von selbst hätte fallen lassen, so war doch der Versuch, an Stelle des peinvollen fremdländischen Metrums ein der Muttersprache besser angepasstes zu setzen, gleich beim ersten Wurfe überraschend gut gelungen. In Ausdruck und Stil der ‚Braut in Trauer' erkennt man die Sprache der frühern Dramen nicht wieder. Die gedehnten Perioden, die steifen Stichomythien sind verschwunden; die natürlichen rhetorischen Mittel der Leidenschaft, Wiederholung, bezeichnende Wortstellung, Abbrechen der Rede sind an die Stelle gekünstelter Antithesen, zu denen der Alexandriner herausforderte, an die Stelle schulmässiger rhetorischer Kunstgriffe getreten. Kraftvoll und knapp, flüssig und frei schmiegt sich in zwangloser Wortstellung die Rede den Gedanken an, deren schönste Wirkungen der „abgemessene und zerschnittene Zwang der Alexandriner" so oft zerstört hatte.

INHALT.

	Seite
Vorwort	1
I. Schlegels persönliches Verhältnis zu Gottsched	4
II. Die Trauerspiele	33

    Orest und Pylades 33. Dido 42. Die Trojanerinnen 48. Herrmann 58. Canut 70. — Unvollendete Stücke: Lucretia 76. Gothrika 79. Die Braut in Trauer 81. — Entwürfe: 84. — Rückblick 86.

III. Sprache und metrische Form	89

    Wortschatz: Altertümlichkeiten, Anachronismen 90.

    Stil: Die Kernreden Gottscheds 93, von Schlegel vermieden 94. Antithesen und Stichomythien 97. Partizipien 98. Verschachtelung 99. Wortstellung 100. Rhetorische Figuren 101. Gleichnisse 102. Zeugma 103.

    Metrische Form und Einfluss derselben auf die Sprache: a) Der Alexandriner: Parallelismus der Glieder 106. Umschreibungen 107. Ersatzwörter 108. Dehnungen und Kürzungen 109. Pleonasmus 110. Wort-, Vers- und Satzaccent 111. Hiatus 111. Reim 112. Cäsur 114. Enjambement 115. b) Der fünffüssige Iambus 117.